Encyclopedia of
Animals

Fish · Birds · Unusual Mammals

Encyclopedia of Animals
Copyright ⓒ 2009 Amber Books Ltd
All rightes reserved.

Korean Translation Copyright ⓒ 2012 by DAMTEO MEDIA
Korean edition is published by arrangement with Amber Books Ltd
through Imprima Korea Agency

이 책의 한국어판 저작권은 Imprima Korea Agency를 통해 Amber Books Ltd와의 독점 계약으로
담터미디어에 있습니다. 저작권법에 의해 한국 내에서 보호를 받는 저작물이므로
무단전재와 무단복제를 금합니다.

지구상의 동물 탐구 대사전

동물대백과

어류 · 조류 · 특이한 포유류 편

저자 David Alderton · 복선경 옮김

담터미디어

David Alderton은 케임브리지 대학을 졸업한 이후 줄곧 이 분야에 매달려 야생동물에 대해 평생 동안 관심을 가진 전문가이다. 전 세계의 천연 서식지에 있는 다양한 생물들을 연구하면서 광범위하게 두루 여행했다. 동물에 대한 전문 작가로서 그의 책은 6백만 부 이상이 팔렸고 30개 이상의 언어로 출간되었다. 또한 BBC나 디스커버리 채널 그리고 다른 방송사들의 야생동물 주제의 라디오나 텔레비전 프로그램에 참석자와 작가로서 꾸준히 활동하고 있다.
(David는 2008년부터 애완동물과 기타 동물들에 대해서 인기 있는 웹사이트(http://www.pethouseclub.com)를 운영하고 있다.)

옮긴이 복 선 경

우리에게 친숙한 동물이거나 이 책을 통해 처음 만나는 동물들까지, 온갖 포유류, 조류, 파충류, 어류, 곤충, 연체동물 등등 그 동물들을 만나며 때로는 아프리카 대초원으로, 때로는 뜨거운 사막으로 그리고 늪이나 북극 지역까지 동물 탐험 여행을 직접 다녀온 기분이 들 정도로 생생하게 다가왔던 작업이었다. 동물들의 본능과 습성 등에 때론 놀라고 감탄하기도 하며, 인간의 욕심과 지구의 오염으로 멸종해 가는 동물들에게 미안함을 느끼며 지구를 지키는 일에 일조해야겠다는 생각도 하게 되었다. 어린이든 어른이든 이 책을 통해 동물들에 대한 이해를 넓히고, 나아가 이 지구의 미래까지 고민할 수 있는 좋은 계기가 될 것이라 생각한다.
1975년 수원 출생. 1988년 아주대학교 영어영문과 졸업.
1999~2009년 재능교육에서 국내외 영어 교재 개발. 2010년 캐나다 영어 연수. 2011년 현재 영어 교재 개발 중.

동물대백과(2) 어류·조류·특이한 포유류 편 2022년 12월 15일 2판 발행

펴낸곳 담터미디어 펴낸이 이용성 저자 David Alderton 옮긴이 복선경
마케팅 전병준 관리 이영표 교정·편집·디자인 WOOOZOOO
등록 제1996-1호(1996.3.5)
주소 서울 중랑구 용마산로79길 35 전화 02)436-7101 팩스 02)438-2141
ISBN 978-89-8492-670-7 (74590) 제조국 대한민국 ⓒ 담터미디어 2012

* 책값은 뒷표지에 있습니다.

Encyclopedia of Animals

Fish · Birds · Unusual Mammals

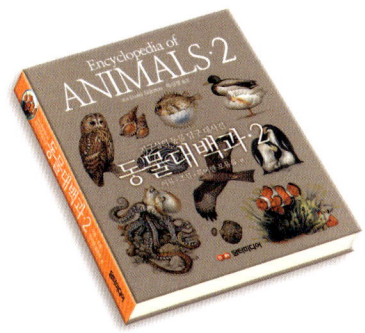

지구상의 동물 탐구 대사전

동물대백과

어류 · 조류 · 특이한 포유류 편

|차|례| CONTENTS

머리말 Introduction　　　　　　　　　　　　　　　　10

어류 Fish

뱀장어 Common Eel　　　　　　　　　　　　　　　14
지중해곰치 Mediterranean Moray Eel　　　　　　　16
큰귀상어 Great Hammerhead Shark　　　　　　　　18
잉어 Common Carp　　　　　　　　　　　　　　　20
청소새우 Cleaner Shrimp　　　　　　　　　　　　22
바닷가재 Lobster　　　　　　　　　　　　　　　　24
피들러크랩 Fiddler Crab　　　　　　　　　　　　　26
소라게 Hermit Crab　　　　　　　　　　　　　　　28
성게 Sea Urchin　　　　　　　　　　　　　　　　30
창꼬치(노던파이크) Northern Pike　　　　　　　　　32
큰가시고기 Three-Spined Stickleback　　　　　　34
백상아리 Great White Shark　　　　　　　　　　　36
굴 Oyster　　　　　　　　　　　　　　　　　　　38
왜문어 Common Octopus　　　　　　　　　　　　40
고래상어 Whale Shark　　　　　　　　　　　　　42
주얼시클리드 Jewel Fish　　　　　　　　　　　　44
말뚝망둥어 Mudskipper　　　　　　　　　　　　　46
샴투어 Siamese Fighting Fish　　　　　　　　　　48
블루페이스엔젤 Yellow-Masked Angelfish　　　　　50
클라운피시 Common Clownfish　　　　　　　　　52
여왕파랑비늘돔 Queen Parrotfish　　　　　　　　54
황다랑어 Yellow-Fin Tuna　　　　　　　　　　　　56

악마가오리 Devil Ray	58
무지개송어 Rainbow Trout	60
대서양연어 Atlantic Salmon	62
데블라이온피시 Devil Lionfish	64
웰스메기 Wels Catfish	66
가시복 Spiny Porcupinefish	68
갑오징어 Common Cuttlefish	70
긴지느러미연안오징어 Longfin Inshore Squid	72
쇠고둥(물레고둥) CommonWhelk	74
소라고둥 Triton	76
대왕조개 Giant Clam	78
포르투갈맨오워(고깔해파리, 작은부레관해파리) Portuguese Man o' War	80
해마류 Seahorses	82
빨간속불가사리 Red-knobbed Starfish	84

조류 Birds

청둥오리 Mallard	86
재갈매기 Herring Gull	88
물총새 Kingfisher	90
호아친 Hoatzin	92
검독수리 Golden Eagle	94
솔개 Black Kite	96
안데스콘도르 Andean Condor	98
매 Peregrine Falcon	100
황조롱이 Common Kestrel	102

뱀잡이수리 Secretary Bird   104
흰눈썹뜸부기물새 Sun Bittern   106
푸른머리되새 Chaffinch   108
극락조 Raggi's Bird of Paradise   110
유럽동고비 European Nuthatch   112
유럽울새 European Robin   114
나이팅게일 Nightingale   116
가마우지 Cormorant   118
큰홍학 Greater Flamingo   120
황제펭귄 Emperor Penguin   122
올빼미 Tawny Owl   124
북도키위 North Island Kiwi   126
목도리도요 Ruff   128

특이한 포유류 Unusual Mammals
어류의 특성을 닮았거나 조류의 특성을 닮은 특이한 포유류

북방긴수염고래 Northern Right Whale   130
대왕고래 Blue Whale   132
혹등고래 Humpback Whale   134
머리코돌고래 Commerson's Dolphin   136
참돌고래 Common Dolphin   138
참거두고래 Long-Finned Pilot Whale   140
범고래 Killer Whale   142
귀신고래 Grey Whale   144
아마존강돌고래 Amazon River Dolphin   146

흰돌고래 Beluga	148
일각돌고래 Narwhal	150
쥐돌고래 Harbour Porpoise	152
향유고래 Sperm Whale	154
바다코끼리 Walrus	156
북방물개 Northern Fur Seal	158
캘리포니아강치(캘리포니아바다사자) Californian Sea Lion	160
두건물범 Hooded Seal	162
턱수염바다물범 Bearded Seal	164
레오파드바다표범 Leopard Seal	166
남방코끼리바다표범 Southern Elephant Seal	168
지중해몽크바다표범 Mediterranean Monk Seal	170
하프물범 Harp Seal	172
잔점박이물범 Common Seal	174
듀공 Dugong	176
매너티 Manatee	178
흡혈박쥐 Common Vampire Bat	180
인도왕박쥐 Indian Flying Fox	182
작은편자박쥐 Lesser Horseshoe Bat	184
다우벤톤박쥐 Daubenton's Bat	186
멧박쥐 Noctule Bat	188
기후 지역 전도 Climate Zones	190
찾아보기 Index	192

|머|리|말| INTRODUCTION

우리가 사는 이 지구상에 얼마나 많은 종들이 존재해 왔는지를
정확히 아는 것은 불가능하다. 단순하게는 대다수가 존재에 대한
어떤 증거도 남기지 않고 멸종되었기 때문이다. 분명한 것은
전체 수의 아주 작은 퍼센티지-어떤 추정에 의하면 아마도
겨우 1 퍼센트- 만이 오늘날 지구상에 살아 있다는 것이다.

현재까지 약 180만 생물 종들이 동물학자들에 의해 확인되었고
학명을 받았다. 이 중에서 큰 동물들은 극히 소수일 뿐이다.
생명의 형태 중 가장 많은 수는 무척추동물이며
전체의 약 $\frac{3}{8}$를 차지한다. 생물 분류에서 식물과 미생물을 무시한다면
아마 생물의 종은 단순한 분류에 그칠 수밖에 없을 것이다.

오늘날까지 그야말로 수백만 종이 여전히 발견되고 공식적으로
발표되어 왔지만 그 반면, 많은 종들이 기록되기도 전에 멸종되는
운명을 맞기도 한다는 것은 충분히 짐작되고도 남는다.
뿐만 아니라 세상에는 지붕 모양으로 우거진 열대우림(열대우림 캐노피)과
해저 같은 특정 지역들이 있는데, 현재 우리는 이런 환경들에 존재하는
수많은 생명 형태에 대한 모호한 평가와 이해만을 가지고 있다.

그러므로 미지의 생물체까지 밝혀낼 수 있는 문명이 앞으로 다가온다면
지구에서 발견되는 생물은 인간이 상상하지 못하는 종류와 분류가
생겨날 수도 있을 것이다.

모든 동물들은 여섯 개의 다양한 주요 분과 또는 등급으로 나누어진다.
Invertebrates(무척추동물), Fish(어류), Amphibians(양서류),
Reptiles(파충류), Birds(조류), Mammals(포유류)가 그 여섯 개의
분류이다. 본 책에서는 이 가운데 어류, 조류 그리고 포유류 가운데
특이한 종류의 동물들을 소개하였다.

Fish-어류

최초의 물고기는 대양에서 발생했으며 이후에는 개울과 강물을
거슬러 헤엄쳐서 담수에 적응하기 시작했을 것으로 여겨진다.
초기의 물고기는 뼈가 아니라 연골 골격을 가지고 있었다.
오늘날에도 여전히 살아있는 원시적인 종류의 예는 상어와 가오리다.
물고기들은 머리 양 측면의 눈 바로 뒤쪽에 있는 아가미를
이용하여 물에서 호흡하며 물 속에 무작위로 뿌려지는 알로

체외수정되어 번식하는 게 대부분이지만 어떤 종류는
자신의 알이나 새끼에게 상당히 헌신하기도 한다.

Birds -조류

날 수 있다는 이 특별한 능력이 새들에게만 한정되어 있는 것은
아니다. 이 능력은 박쥐나 심지어 곤충들도 가지고 있다. 단,
조류로 구분하는 가장 중요한 요소 가운데 하나가 깃털로 덮인
외피이다. 깃털은 비행과 구애 동작에 중요한 역할을
할 뿐만 아니라 추위를 막는 단열의 역할도 중요하다.
새의 몸을 덮고 있는 다양한 유형의 깃털은 항온동물인
이들의 체온을 주변 환경의 온도보다 높일 수 있기 때문에
전 세계 어디에서든 대량 서식할 수 있는 것이다. 비록 몇몇 종들은
비행 능력을 상실하기도 했지만 타조와 같은 경우는 무거운 몸으로
날 수 없는 대신 초원을 달리는 능력이 발휘되기도 한다.

Unusual Mammals -특이한 포유류

암컷은 임신 기간 동안 새끼가 태어날 때까지 새끼에게 영양분을
공급하는, 태반이라 불리는 밀접한 연결부가 있다. 이들은
종류마다 다르긴 하지만 새끼가 태어나면 일정 기간 동안 젖을 물린다.
포유류 가운데 설치류가 가장 많은 목을 차지하는 것은 왕성한
번식력 때문이다. 그와 대조적으로 오래 살면서 몸집이 큰 포유동물은
임신 기간도 길고 새끼도 많이 낳지 않는다.
지구상에 이 다양하고도 많은 포유동물 중에는 자칫 포유류가
아닌 것처럼 여겨질 정도로 특이한 생김새와 습성을 보여주는
포유류가 있다. 물고기처럼 물속에서 헤엄을 잘 친다거나
새들처럼 날아다닐 수 있는, 그러나 분명 포유류인 동물들이다.

이제 실제의 모습과 그들의 생태와 습성들을
속속들이 살펴보도록 하자.

뱀장어
Common Eel

생태 정보
무게: 4.5~13kg
길이: 100cm에 달할 수도 있다.
성 성숙: 9~23년
부화 기간: 알려지지 않음
알 수: 알려지지 않음
먹이: 무척추동물과 작은 척추동물
수명: 15~25년. 암컷은 더 오래 산다.

뱀같이 생긴 이 물고기들은 바닷물과 담수 모두에서 발견된다. 물 밖의 습지를 지나 이동할 수도 있다.

장어의 번식 습성에 대한 많은 부분이 여전히 미스터리이다. 새끼는 실뱀장어(또는 렙토세팔루스)로 알려져 있고 담수로 들어가기 직전에 장어 새끼라고 불리는 새끼 뱀장어로 바뀐다. 대서양을 가로질러 유럽까지 가는 여정은 3년이 걸린다.
장어는 런던 이스트 엔드 같은 지역에서 특수한 장어 트랩으로 잡혔다. 불행히도 그 수는 최근 극적으로 감소해 왔는데 그 이유는 분명하지 않다.

세계 어느 곳에?
유럽 서부에서 지중해까지 내려오는 수로들에서 광범위하게 발견되지만 특정 성장 단계에서는 대서양에서도 나타난다.

얼마나 클까?

지느러미
몸의 위쪽에 있는
긴 등지느러미가
아랫면을 따라 있는
뒷지느러미와 연결되어 있다.

등뼈
110~119개 정도의 뼈가
장어의 긴 척추를 구성한다.

겉모습
담수에 사는 장어들은
노란 배를 가지고 있다.

입
아래턱이 위턱보다
돌출되어 있으며 약간 더 길다.

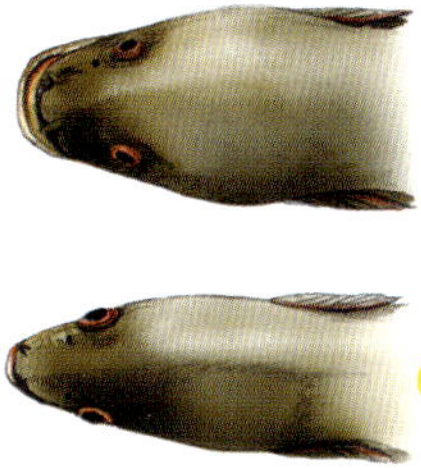

이동해 다니다
다 자란 장어들은 결국 산란지로 헤엄쳐
돌아올 것이다. 그리고 거기에서 죽는다.
새끼들은 해류를 따라 유럽으로
휩쓸려 간다.

바다로 돌아갈 때가 좀더 유선형을 이룬다.

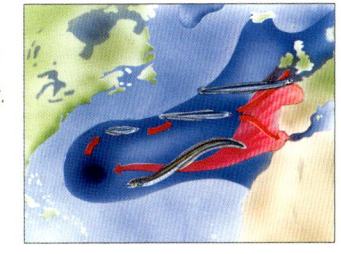

지중해곰치
Mediterranean Moray Eel

생태 정보
무게: 보통 15kg 정도
길이: 약 150cm까지
성 성숙: 약 5년 정도
부화 기간: 며칠,
수온에 따라 다름
알 수: 6만 개,
개방된 물에서 낳으며
체외수정을 한다.
렙토세팔루스라고 불리는
유충으로 부화한다.

이 크고 무시무시한 장어들은 매복했다가 먹잇감을 습격하는 방식대로 잠수부를 공격할 수도 있다.

200종 이상의 다양한 곰치가 있다. 그것들 전부가 먹이섭취 습성이 포식성이다. 작은 눈이 나타내 주듯 시력이 나쁘기 때문에 주로 후각으로 사냥을 하며 어둠을 틈타 먹잇감을 찾는 경향이 있다.
입 뒤쪽에 인두턱이라는 독특한 보조턱을 가졌으며 앞으로 튀어나와 먹잇감을 제압하고 삼키는 것을 돕는 이빨로 무장되어 있다.

세계 어느 곳에?
이 과의 동물들은 세계의 열대와 아열대 수역에 국한되어 있다. 일반적으로 산호초 주위에서 발견된다.

얼마나 클까?

이빨
강하고 뒤쪽으로 향한 이는
장어들이 살을 잡아
찢을 수 있게 한다.

겉모습
윤이 나고 비늘이
없는 피부는 두꺼운
보호 점액막으로
덮여 있다.

입
넓은 턱은,
옆구리 뒤쪽에 있는
아가미와 함께
먹잇감을 꽉
붙잡는 것을 돕는다.

지느러미
등지느러미는
머리 바로 뒤에서 시작해서
등 중간까지 이어진다.

작고 밝은
아시아 수역에서 발견되는
이 리본 뱀장어들은 처음에는
검정색이던 것이 자라면서
수컷은 파란색이 되고
암컷은 노란색이 된다.

곰치의 무늬는 위장하는데 도움이 된다.

17

큰귀상어
Great Hammerhead Shark

생태 정보
무게: 230~450kg,
임신한 암컷은
580kg까지 나갈 수도 있다.
길이: 암컷은 평균 365cm,
수컷은 평균 285cm,
610cm에 이를 수도 있다.
성 성숙: 암컷은 210cm부터,
수컷은 225cm부터
임신 기간: 310~365일
새끼 수: 최대 55마리,
70cm로 측정되며 몸과
비교하여 얼굴이 납작하다.
먹이: 가오리, 자신보다
더 작은 상어들,
오징어와 경골어
수명: 20~30년

이 물고기의 머리 형태는 매우 독특하게 생겼을 뿐만 아니라 먹잇감에서 방출되는 전기 신호를 감지하는 것으로 보인다.

귀상어의 가장 괄목할 만한 특징 중 하나는 암컷이 짝짓기 없이 출산하는 방식이다. 테스트 결과, 상어의 DNA가 오로지 어미에게서만 나온 것이 확인되었다. 처녀생식으로 알려진 이런 번식 방법이 연골어류에서는 기록되지 않았지만 무척추동물들에서는 매우 흔하다. 큰귀상어는 사람들에게 특별히 위험하다고 여겨지지는 않는다.

세계 어느 곳에?
전 세계의 열대 바다 전역,
암초 근처에서 발견된다. 때때로
겨우 수심 100cm의 해변 가까이에서
헤엄치기도 한다.

얼마나 클까?

머리
머리는 매우 넓고 두 눈은 양 끝에 위치해 있다.

이빨
큰귀상어가 머리로 노랑가오리를 제압할 때 이빨로 노랑가오리의 날개를 물어뜯는다. 이것은 노랑가오리의 독으로부터 보호해 준다.

천연색
윗부분은 진한 갈색에서 회색까지, 측면은 보통 올리브색이며 아랫부분에서 흰색으로 연해진다.

가슴지느러미
가슴지느러미는 안정성과 방향 조종 역할을 한다.

낚시 전략
귀상어는 해저 위를 헤엄쳐서 모래를 흐트러지게 하여 거기에 숨어 있는 가오리들을 쫓아낸다. 그리고 나서 가오리를 잡는다.

아래서 본 머리, 감각 구멍이 눈에 띈다.

잉어
Common Carp

생태 정보
무게: 0.5~4kg, 최대 20kg
길이: 30~60cm
성 성숙: 암컷은 4~5년, 수컷은 3~5년
산란 수: 약 삼십만 개, 암컷의 크기에 따라 다르다.
부화 주기: 25℃에서 3일
먹이: 바닥에서 먹이를 찾는데, 무척추동물과 씨를 먹는다.
먹이를 먹기 위해 진흙을 걸러낸다.
수명: 40~50년

잉어는 낚시꾼의 사랑을 받는 물고기로 민물 종 중에서 가장 수명이 긴 동물 중 하나이며 크게 자란다.

잉어가 바닥을 파서 먹이를 먹는 방식은 수질에 직접적인 영향을 미친다. 잉어가 진흙을 휘저어 놓아 바닥까지 햇빛이 닿지 않으면 물속 식물들이 자리 잡기 어려워지고, 자리 잡은 식물들이라 해도 광합성이 방해되어 성장이 억제되기 때문이다.
잉어 색깔의 다양함 덕분에 코이(koi)라고 불리는 잉어는 장식용 연못 물고기로 인기가 높다.

세계 어느 곳에?
유럽에서 생겨났으나 현재는 아시아 북부를 제외한 전 세계에 퍼져 있다. 낚시를 목적으로 세계 여러 나라에 소개되어 왔다.

얼마나 클까?

등지느러미
등지느러미는 등을 따라 길게 퍼져 있다.

배지느러미
배지느러미는 잉어의 암수를 구별해 준다. 배지느러미가 더 큰 것이 수컷이다.

수염
입 양쪽에 벌레 모양으로 튀어나온 돌기는 잉어가 탁한 물속에서 먹이를 찾도록 해 준다.

비늘
몸 양쪽에 있는 비늘은 비교적 크고 눈에 잘 띈다.

알 낳기
잉어는 알을 흩뿌려 낳는데, 봄과 여름 사이에 낳는다. 알은 끈끈해서 수생 식물에 달라붙는다.

잉어는 무척추동물을 손쉽게 먹는다.

청소새우
Cleaner Shrimp

생태 정보
길이: 3~4cm
성 성숙: 1~2개월
산란 수: 최고 1000개.
1~2주마다 알을 낳으며,
암컷의 배 아래에 담고
다닌다. 어떤 종들은
자웅동체이다.
부화 기간: 유충은
12~14일째 부화하고,
밤에 나타난다.
서식지: 전 세계 따뜻한
물속의 산호초
먹이: 육식을 주로 하며,
물고기와 말미잘의 촉수
안에서 죽은 고기를 찾아
먹는다.
수명: 4~12개월

열대 산호초에서 자신을 잡아먹으리라 예상되는 물고기들과도 동맹을 맺고 살아가는 것이 바로 청소새우다.

암초에는 청소부 구역이라는 특별한 곳이 있어서, 청소새우가 모이고 물고기들 또한 어울려 지낸다. 물고기들의 특정한 수영 양식이 일반적으로 갑각류를 먹고 사는 포식자 종이라 해도 청소새우에게 위협적인 것은 아니지만 아이러니하게도 수컷 청소새우는 가끔 새끼를 낳은 후에 암컷 청소새우를 잡아먹는다.

세계 어느 곳에?
꼬마새우과 동물들은 세계의 열대 암초와 캐러비안 해, 태평양에서 발견된다. 어떤 종들은 말미잘과 함께 산다.

얼마나 클까?

가시털
청소새우의 몸은 일련의 작은 가시털로 보호된다.

집게발
집게발을 이용하여 탐색하며 물고기의 기생충을 제거하고 먹을 수 있는 것을 골라낸다.

천연색
붉은빛의 색깔은 갑각류에서 흔히 볼 수 있는 색깔로, 상대적으로 쉽게 눈에 띈다.

몸껍질
외골격으로 알려져 있는 딱딱한 겉껍질이 몸을 감싸고 있다.

공생
물고기와 청소새우의 관계는 공생이라 불린다. 이는 두 종 모두에게 이득이 있다는 의미이다. 청소새우는 물고기의 건강 유지를 도와주고, 그 과정에서 먹이를 얻는다.

청소새우 머리의 클로즈업, 나누어진 촉수 또는 더듬이를 보여준다.

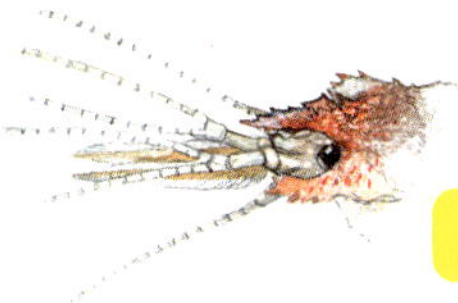

바닷가재
Lobster

생태 정보
무게: 보통 0.5~4kg, 20kg 이상 되는 것도 있다.
길이: 20~60cm, 1m 이상 자랄 수도 있다.
산란 수: 4,000~50,000개 또는 그 이상으로, 크기에 따라 달라진다.
부화 기간: 9~11개월 간 어미가 알을 품는다.
먹이: 물고기, 불가사리 같은 다른 바다 생물체를 먹는다. 새끼는 동물성 플랑크톤을 먹는다.
수명: 야생에서 100년 이상 살 수 있다.

많은 수의 다양한 갑각류들이 바닷가재로 불리지만, 특히 해산물로 가치가 높은 바닷가재는 넓은 집게발을 가졌다.

바닷가재는 인간과 동등한 수명을 가졌으며 평생 동안 자라기 때문에 최대크기가 얼마인지는 모르지만 상업적인 바닷가재 어업으로 대형 바닷가재는 드물다. 바닷가재 내부에는 파란색 피와 터맬리라 불리는 초록색 체액이 있는데, 터맬리로는 간과 췌장을 함께 차려내는 음식을 만들 수 있다.
탁한 물이나 바위 아래 사는 것은 바닷가재의 시력이 나빠 주로 촉수에 의지해 주변 정보를 얻기 때문이다.

세계 어느 곳에?
바닷가재는 전 세계에 나타나나, 해산물 산업에 관하여 더 중요한 종은 북아메리카 동부 해안에서 발견되는 것들이다.

얼마나 클까?

머리
바닷가재의 작은 머리에는 긴 촉수가 있으며, 머리가 흉부의 일부이기도 하다.

몸껍질
딱딱하고 키틴질로 된 껍질은 단단한 외골격을 이루며, 몸을 보호한다.

집게발
양쪽 집게발은 비슷한 크기로, 포식자로부터 자신을 보호하는데 쓰인다.

이동하기
바닷가재는 보통 해저를 걸어 다니지만, 위험을 피해 뒤로 헤엄칠 수 있다. 꼬리를 이용해 멀리 추진한다.

먹이 사냥
바닷가재는 매복하고 있다가 공격하는데, 힘이 센 집게발을 사용해서 물고기를 잡는다.

새끼 바닷가재는 포식자에게 쉽게 공격을 받는다.

피들러크랩
Fiddler Crab

생태 정보
길이: 최대 5cm, 수컷의 집게발은 몸길이와 비슷하다.
산란 수: 850~1600개.
암컷은 2주 간 굴에 남아 알을 품고 건조되지 않도록 보호한다.
부화 기간: 유충은 12~14일 후에 부화하고 2주 동안 이 형태로 있다.
서식지: 해변, 개펄, 맹그로브
먹이: 조류 등을 먹기 위해 땅을 파는데, 진흙을 공 모양으로 굴린다.
수명: 2~3년

먹이를 집을 때, 수컷 피들러크랩의 작은 집게발과 큰 집게발을 움직이는 것은 마치 바이올린을 연주하는 모습을 닮았다.

피들러크랩은 짝짓기 후에 수정된 알을 암컷 배 밑에서 자라게 한다. 알을 품고 있는 암컷은 이런 모습 때문에 종종 '스폰지 크랩'이라 불리기도 한다. 피들러크랩은 바다로 돌아가는데, 바다에서 알은 아주 작은 유충(조에아, zoea)으로 부화하여 연속적인 탈피를 통해 자라며, 더 나이든 유충(메갈로파, megalopa)은 마침내 소형 피들러크랩이 되어 육지에 나타나게 된다. 이 단계에서는 암수를 구분하기 어렵다.

세계 어느 곳에?
따뜻한 기온대에서 광범위하게 나타나며, 아메리카 대륙의 태평양, 대서양 해안과 인도양에서도 나타난다.

얼마나 클까?

눈
눈은 자루 위에 나와 있어 주변을 더 잘 볼 수 있다.

갑각
몸 위쪽의 딱딱한 껍질을 갑각이라고 한다.

집게발
수컷에게만 이 거대한 집게발이 자라서 비대칭의 겉모습을 갖게 된다.

다리
피들러크랩은 다섯 쌍의 다리를 가지고 있다. 뒤쪽에 있는 네 쌍으로 걸어 다니고, 앞쪽 한 쌍은 손처럼 사용한다.

압박하기
수컷 피들러크랩은 크고 힘이 센 집게발로 몸싸움을 벌인다. 전 세계적으로 거의 100여 종이 발견되었다.

집게발 흔들기
큰 집게발을 잃게 되면 탈피할 때 몸 반대편에서 새로운 집게발이 자라게 된다. 작은 집게발은 후에 기존의 큰 집게발로 대체된다.

소라게
Hermit Crab

생태 정보
길이: 2~30cm
산란 수: 200~7000개.
암컷은 여러 달 동안 생존 가능한 정자를 몸 안에 가지고 다닐 수 있다.
부화 기간: 암컷이 알을 바다에 방출하면, 유충은 2~3주 후에 부화한다.
서식지: 바다와 육지에서 사는데, 육생하는 종은 탈수에 취약하다.
먹이: 식물에서 뒤지거나 동물로 된 먹이를 먹는다.
수명: 10년, 사육될 때 20년까지 살 수 있다.

소라게는 등에 집을 이고 다니는 것으로 유명하지만 간혹 고둥 껍데기를 벗어버리고 나올 때는 보통의 게와 비슷하다.

소라게는 500종이 넘는다. 대부분이 바다에서 살고 있으며, 종종 썰물 때 바위 사이 웅덩이에서 모습을 드러내기도 한다. 무리 지어 사는 경향이 있지만 고둥 껍데기를 갖기 위해 서로 싸움을 벌인다. 소라게가 성장하는 동안 점점 큰 사이즈로 고둥 껍데기를 바꿔주지 않으면 성장에 영향을 미칠 뿐만 아니라 자신의 몸을 고둥 껍데기 안으로 모두 숨길 수 없기 때문에 포식자에게 더 취약해질 수밖에 없다.

세계 어느 곳에?
전 세계에 널리 나타나지만, 특히 대서양이나 태평양같이 따뜻한 바다에서 나타난다. 영국 해안 주변의 온화한 지역에서도 발견된다.

얼마나 클까?

고둥 껍데기
소라게는 위협받으면,
위험을 피해
고둥 껍데기 안으로
몸을 숨길 수 있다.

눈
눈은 높이 달려서
촉수와 함께 주변의
감각 정보를 전달한다.

천연색
어떤 소라게는
선명한 빨간색이지만,
보통은 은은한
빨간색이다.

다리
다리는 끝이 점점
가늘어지면서
뒤쪽으로 구부러졌다.
다리로 고둥 껍데기를
옮긴다.

매달리기
소라게는 배에 걸쇠 같은 것(clasper)이 있어서
고둥 껍데기의 중앙 지지대 주변에
고정시킬 수 있다.

포식자
갑오징어나 문어와 같이 바다에 사는
두족류 동물은 튼튼한 다리를 이용해서
소라 비를 고둥 껍데기에서 꺼낼 수 있다.

유충 상태의 소라게

성게
Sea Urchin

생태 정보
길이: 3~10cm,
가시는 최대 20cm.
성 성숙: 2~5년
알 수: 수백만 개를
한 번에 방출한다.
부화 기간: 알은 작은
유충으로 자라며, 유충은
동물성 플랑크톤 사이에
떠 있다.
서식지: 해저에 살며, 종종
얕은 물에서도 발견된다.
먹이: 주로 조류를 먹고
살지만, 해면동물과 홍합을
포함한 다른 무척추동물도
먹는다.
수명: 최장 200년

성게는 약 4억 5천만 년 전의 아주 오래된 화석의 기록을 가진, 고대 생물체를 대표한다.

이 무척추동물의 특이한 이름은 이들의 가시 많은 외모 때문이다(어친, urchin:고슴도치라는 뜻의 고대 영어). 성게를 밟으면 종종 가시가 부러져 피부에 박히는데 가시 끝은 독으로 덮여 있을 수 있기 때문에 통증을 일으킨다. 가시를 일부분만 살짝 건드리면 주변 가시들이 접촉이 있었던 쪽으로 방향을 바꿔 가리킨다. 아주 작은 관족이 몸 아랫부분에 있어 이동할 수 있다.

세계 어느 곳에?
성게류는 전 세계의 바다에 나타나지만, 열대 지방의 바다에서 가장 흔히 볼 수 있다. 산호초와 함께 발견된다.

얼마나 클까?

가시
가시는 성게의 몸을 보호한다. 종류에 따라 가시 길이가 다양하다.

차극
가시 맨 아랫부분에 있는 차극은 몸이 조류 때문에 지나치게 자라지 않도록 한다.

몸
몸은 주로 가시로 둘러싸여 보호받고 있기 때문에 뚜렷한 몸의 특징은 잘 보이지 않는다.

천연색
색깔은 가변적이다. 어떤 때는 선명한 색이지만, 은은한 색일 때가 더 많다.

단면도
성게의 일반적인 내부 해부 모습. 입은 몸의 아랫부분에 있다.

위험이 도사리는 생활
어떤 물고기는 성게를 먹을 수 있도록 진화해서 성게 몸에서 취약한 아랫부분을 공격한다. 물고기가 물을 분사해서 성게를 해저에서 띄운 다음, 가시를 피해 아랫부분부터 움켜잡는다.

성게는 불가사리와 같이 몸이 다섯 방사형이다. 즉, 다섯 방향으로 대칭을 이룬다.

창꼬치(노던파이크)
Northern Pike

생태 정보
무게: 최대 27kg
길이: 최대 152cm
성 성숙: 2~3년
알 수: 35,000~3십만 개,
암컷의 크기에 따라
다르다. 새끼는 부화했을
때 1cm이다.
부화 기간: 5~26일
또는 그 이상,
수온에 따라 달라진다.
먹이: 기회주의적 포식자로,
다른 물고기들을 먹고 종종
자신보다 작은 강꼬치를
잡아먹는다. 뿐만 아니라
오리 새끼와 다른
수생 생물도 먹는다.
수명: 최장 25년

민물고기 중 가장 무서운 물고기 중 하나인 창꼬치는 캐나다에서 발견된 화석으로 미루어 보아 6천 2백만 년 전의 모습을 간직하고 있다.

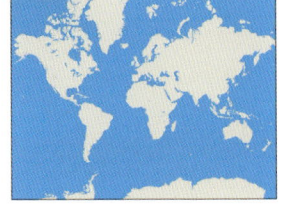

세계 어느 곳에?
북반구 전역에 널리 분포되어 있으며, 북아메리카에서부터 유럽과 아시아까지 나타난다. 발틱 해의 담함수에서도 볼 수 있다.

창꼬치는 우세한 포식자이기 때문에, 어장에서는 큰 창꼬치 몇 마리를 꺼내면 어장 손실을 줄일 수 있을 거라 여겨지기도 한다. 놀라운 번식 잠재력이 있어 창꼬치 수를 폭발적으로 증가시키는 것도 가능하지만 송어와 같은 물고기 포식 수준도 따라서 증가하기 때문이다. 연구에 따르면 창꼬치는 동종 포식을 통해 스스로 개체 수를 조절한다.

얼마나 클까?

눈
큰 눈은
먹잇감을 찾도록
도와준다.

지느러미 위치
등지느러미와 뒷지느러미가
상당히 뒤쪽에(꼬리지느러미 가까이)
위치해 있어서 엄청난 가속도로
헤엄칠 수 있다.

무늬
새끼 창꼬치는 줄무늬가 있어서
위장이 가능하다.
성장하면 점 무늬로 바뀐다.

몸 모양
몸의 형태가 가늘고
유선형이기 때문에
창꼬치는 쉽고 빠르게
수영해서 먹이를 쫓는다.

씹어 먹기
턱에 있는 많은 이빨은
날카롭게 물 수 있다.

숨어 있는 위험
커다란 창꼬치는 재빨리 새끼 오리의
발을 물어 물 밑으로 끌어내린다.
이렇게 새끼 오리를 익사시킨 후 먹는다.

새끼 창꼬치는 최대 12일 정도 움직이지 못하다가,
이 시기 이후 수영을 하며 플랑크톤을 먹기 시작한다.

큰가시고기
Three-Spined Stickleback

생태 정보
무게: 0.9g
길이: 6~10cm
성 성숙: 1~3년
알 수: 각 암컷이 100~150개의 알을 낳는다.
부화 기간: 약 6~10일.
수컷은 부화 직전에 둥지를 파괴한다.
먹이: 바다와 깊은 호수의 표면에 있는 플랑크톤을 먹거나 무척추동물과 다른 물고기의 치어나 알을 먹는다.
수명: 최대 3년

이 작은 민물고기는 다양한 개체들이 서로 자주 고립되어 살기 때문에 상당히 구별된 특징들을 갖는다.

큰가시고기보다 더 다양한 물고기들은 거의 없다. 강을 거슬러 올라가는 다양한 소하성 어류들은 바다에 살지만 민물에 알을 낳는데, 이들이 개울과 호수에 사는 민물 큰가시고기들의 조상이다. 얕은 호수에 사는 긴 몸체와 작은 눈을 지닌 개체는 호수 바닥에서 서식한다. 더 깊은 호수에서는, 담수에 적응한 큰가시고기들이 수면에 서식하며, 거꾸로 뒤집힌 턱과 비교적 짧은 몸체와 큰 눈을 발달시켜 왔다.

세계 어느 곳에?
영국 전역과 북유럽의 많은 곳에서 발견되며, 더 남쪽지방이나 아시아에도 분포하고 있다. 다른 종들이 북아메리카에서 발견된다.

얼마나 클까?

가시
등뼈의 중심에서 아래로 이어지는 가시의 형태는 더 큰 포식자들로 하여금 삼키기 어렵게 만든다.

밑부분
빨간 부분은 새끼를 기르는 수컷과 관련이 있으며 식품의 카로테노이드 색소로부터 만들어진다.

홍채
파란색을 띠는 홍채의 색상은 성숙한 수컷의 또 다른 특징이다.

턱 구조
물고기의 서식지에 따라 다양하다.

구애
수컷이 둥지를 만들고, 암컷에게 구애한다. 암컷을 유혹하여 둥지에서 알을 낳게 하기 위해서이다.

알품기
몇몇 암컷 큰가시고기들은 같은 둥지에 알을 낳을 수도 있다. 수컷은 둥지에서 알을 부화시키고 지킨다. 또한 처음에는 새끼를 보살핀다.

백상아리
Great White Shark

생태 정보
무게: 2,250~3,180kg
길이: 5.5~6.5m
성 성숙: 암컷은 길이가 4m 되었을 때부터이며, 보통 12~14년이다. 수컷은 길이 3.5m부터, 9~10년이다.
임신 기간: 1년
새끼 수: 8~9마리로, 최대 14마리까지 낳는다.
먹이: 포식성. 가오리와 작은 상어, 돌고래, 물개, 오징어, 경골어를 잡아먹는다. 크기가 클수록 포유류 먹이를 선호한다.
수명: 40~60년, 더 오래 살 수도 있다.

모든 상어들 중에 가장 악명 높은 상어인 백상아리는 무시무시한 포식자이다. 주로 독립생활을 하지만, 때에 따라 쌍으로 혹은 더 많은 수의 무리로 발견되기도 한다.

세계 어느 곳에?
전 세계를 돌아다녀 곳곳에서 발견되는데 일반적으로 오스트레일리아와 남아프리카 주변에 나타나며 주로 온화한 지역에 산다. 캘리포니아 해안 지방에서도 살고 있다.

백상아리의 생활에 대해서는 명확하게 알려져 있지 않지만 살아있는 어류 중에서 가장 큰 포식자인 것은 확실하다. 새끼 백상아리는 어미 몸 속에서 자라는 동안 다른 난자를 파괴하는 포식성을 보여 주고 있다. 심지어 태어나기도 전에 삼킨 것으로 보이는 이빨이 위속에서 발견되기도 한다.
갓 태어난 새끼는 길이가 1.37m 정도에 이른다.

얼마나 클까?

아가미 구멍
아가미 구멍들은 몸 양쪽의 상당히 뒤쪽에 있는 가슴지느러미 바로 앞에 위치한다.

머리
머리는 원뿔 모양이고, 아래턱이 튀어나온 입에는 약 3000개의 이빨이 있다.

천연색
윗부분은 회색이며 때때로 파란색이나 갈색조를 띤다. 오직 아랫부분만 흰색이다.

먹이를 뜯기
백상아리의 톱니 모양의 이빨은 살을 톱질하듯 자른다. 머리를 좌우로 흔들어서 큰 덩어리로 잘라낸다.

흰치 (Replacement teeh)
백상아리는 날카로운 여러 치열을 가지고 있다. 이빨이 부러지거나 없어지면 다른 이빨로 대체된다.

백상아리 턱은 힘이 대단히 세다.

굴
Oyster

생태 정보
길이: 25cm 또는 그 이상
성 성숙: 7주 이후
알: 암컷은 매년 1억 개의 알을 낳는다.
발달: 자웅동체의 알을 낳는 굴과 유충을 낳는 굴이 있다. 더 깊은 물에서 사는 굴들은 알과 정액을 방출하기보다 알을 품는다.
서식지: 바다와 대양
먹이: 여과 섭식 동물. 물에서 플랑크톤을 빨아들이고, 조류와 다른 미세한 음식 조각들을 먹는다.
수명: 최대 20년

굴과의 동물들은 진주조개와 별도로 진짜 굴로 여겨진다. 굴은 이매패(껍데기가 두 개로 되어 있는)**이다.**

굴은 수질을 향상시키는데 있어 중요하다(시간당 최대 5ℓ 를 거를 수 있다). 뿐만 아니라 굴 군집은 물고기를 포함한 많은 해양 생물들에게 집이 될 수 있다.
어떤 군집에서는 번식이 공동의 일이며 알과 정액의 집중 방출은 바다의 해류 속에서 수정의 가능성을 최대화한다.
새끼 굴들은 모두 수컷이고 자라면서 성이 바뀐다.

세계 어느 곳에?
굴은 광범위한 분포 범위를 가지고 있어 전 세계의 대양에서 나타난다. 온화한 지역들과 비교적 얕은 물에 서식한다.

얼마나 클까?

위장
굴은 주변의 바위와 조화되는데 따개비류가 대량 서식할 때 특히 그러하다.

장애가 많은 생활
어떤 굴들은 조류가 빠지면 자주 공기에 노출된다.

껍데기 모양
껍데기의 모양은 굴의 환경에 따라 다양하다.

수평 유지하기
굴 껍질의 윗부분은 약간 굽어 있으나 아랫면은 항상 평평하다.

껍데기 안
굴 껍데기 안쪽 부분은 물에서 산소를 빨아들이는 아가미를 포함하고 있다.

생활주기
자유롭게 수영하는 새끼 굴들은 유충으로 알려져 있고, 이들이 처음으로 바위에 붙으면 '스팻(spat)'이라는 새끼굴로 불린다.

굴은 직경으로 자라고, 윗껍질에 동심원이 추가된다.

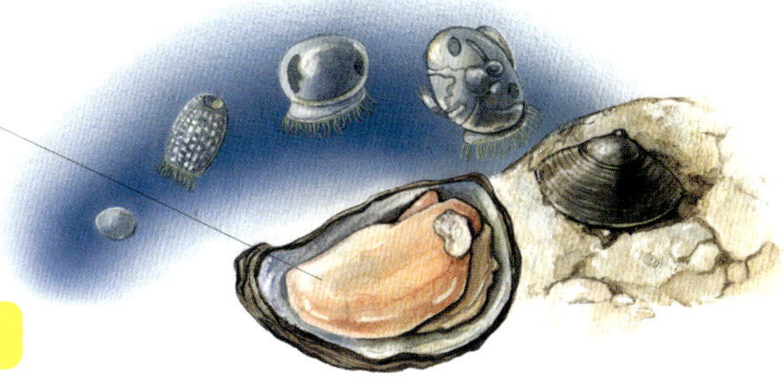

39

왜문어
Common Octopus

생태 정보
무게: 3~6kg
길이: 외투막은 25cm, 다리는 최대 1m
성 성숙: 1~2년
부화 기간: 약 1개월 후
새끼 수: 암컷은 십만~오십만 개의 알을 낳고, 부화될 때까지 지키지만 부화된 후 곧 죽는다.
먹이: 덫에서 훔친 바닷가재를 포함한 갑각류, 그리고 물고기
수명: 1~2년

과거의 경험으로부터 학습을 한 결과 문어는 모든 무척추동물 중에서 가장 똑똑하다고 여겨지며 감각 또한 매우 진화되어 있다.

두족류들은 몸의 색을 바꾸는 놀라운 능력뿐만 아니라 위협을 받으면 보랏빛이 나는 검정색 잉크를 공격자 방향으로 내뿜어 시야를 자욱하게 만든다. 스스로 도망갈 수 있는 기회를 만드는 것이다.

아마도 문어보다 위장술이 뛰어난 생물은 거의 없을 것이다. 이 왜문어들은 굴에 살면서 그 속에 갑각류를 저장하여 항상 먹을 것을 저장해 두고 힘센 팔로 갑각류의 껍데기를 열어 먹이를 먹는다.

세계 어느 곳에?
영국 해협에서부터 남쪽으로 지중해를 거쳐 서아프리카의 해안, 그리고 서쪽으로 카보베르데와 카나리 제도를 거쳐 아조레스 제도까지 발생한다.

얼마나 클까?

팔
문어는 8개의 팔을
가지고 있으며 각각의
팔 아랫면에는
매우 민감한
빨판들이 있다.

눈
눈동자는 동그랗지 않고
좁고 가느다란 모양이다.
문어는 매우 좋은 시력을
가지고 있으나
색은 보지 못한다.

수영
문어는 외투막의
입구를 통해
물을 방출하며
효과적인 제트 추진으로
헤엄친다.

피부
피부는 부드럽고
밑에서 골격을
지지하는 것이 없다.

천연색
갈색이 문어의
보통 색깔이지만,
화가 나면
빨간색이 되고
두려울 때는
흰색이 된다.

입
부리(beak)라 알려진 문어의 입은
몸 아랫면의 중앙에 위치해 있다.

흡판(빨판)
흡반은 크기가 다양하나
매우 강력하다.

알
암컷 문어는
바위틈에 알을 낳는다.

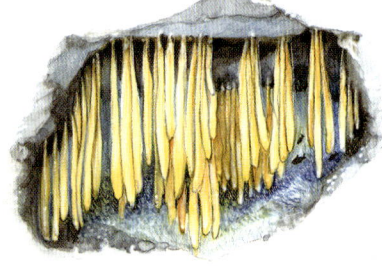

고래상어
Whale Shark

생태 정보
무게: 최대 13.6톤
길이: 12.2m로 측정된다.
성 성숙: 암컷은 처음에는 30세가 되어서야 새끼를 낳는다.
임신 기간: 알은 암컷의 체내에서 발달하고 새끼로 태어난다.
새끼 수: 암컷 1마리에 300마리의 새끼가 기록되었다. 어버이양육이 없다.
먹이: 여과 섭식 동물. 바다에서 플랑크톤을 걸러 먹는다.
수명: 최대 100년

고래상어는 오늘날 대양에서 가장 큰 상어일 뿐만 아니라 가장 큰 물고기이기도 하지만 다행스럽게도 공격적인 종은 아니다.

고래상어의 입은 직경 약 1.5m로 많은 양의 물을 입에서 걸러 먹이를 얻는다. 물을 걸러내는 350열의 작은 이빨들은 섭식 면에서 아무런 기능이 없다. 플랑크톤은 아가미에 있는 필터에 의해 효과적으로 걸러지고 나서 바로 삼켜지고 물은 아가미 덮개를 통해 몸에서 빠져나간다.
고래상어는 빨리 헤엄치지 못하며 보통 겨우 시속 5㎞로 이동한다.

세계 어느 곳에?
전 세계 대양 중 열대 지역과 따뜻한 기후 지역에 살고 있으며 종종 해안 근처에도 있다. 어떤 지역에서는 고래상어들의 계절적 집합이 관찰된다.

얼마나 클까?

눈
눈은 매우 작고 머리 위, 변덕스러운 입 바로 뒤에 위치해 있다.

아가미
다섯 쌍의 아가미가 몸의 양쪽 측면에 있는 가슴지느러미 위에서 뒤쪽으로 이어진다.

등줄기
세 개의 눈에 띄는 등줄기가 몸의 양쪽 측면 윗부분을 따라 이어진다.

무늬
옅은 노란색 반점무늬가 독특하며 개체들을 구별되게 해준다.

섭식
이동 플랑크톤 떼가 밤에 깊은 해저에서부터 위로 이동하면 고래상어는 먹이를 먹기 위해 수면 근처로 올라간다.

여행 동반자
고래상어는 종종 작은 청소 물고기를 동반하는데, 이들은 이 거대한 상어의 몸에 기생충이 없도록 유지해 준다.

고래상어의 납작한 윤곽은 물의 저항을 최소화하여 더 수월하게 헤엄칠 수 있게 한다.

주얼시클리드
Jewel Fish

생태 정보
무게: 10g
길이: 최대15cm
성 성숙: 4~6개월
알 수: 200~500개,
암컷이 여러 줄로 낳고,
수컷이 수정시킨다.
부화 기간: 25°C에서
치어는 2~3일 후에
나오고, 난황낭을 다시
흡수할 때까지 휴식한다.
먹이: 수생 무척추동물들과
약간의 식물성을 먹고 산다.
수명: 2~3년

시클리드는 다양한 물고기 군이며, 이들의 독특한 특징 중 하나는 많은 종들이 보여준 높은 수준의 어버이 양육이다.

산란은 바위에서 일어나며 산란 후에 수컷이 알을 보호하는 동안 암컷은 주변의 하층에 산란 구멍을 판다. 치어가 부화하면 이 움푹 파인 곳에서 어른 물고기의 보호를 받으며 길러진다. 이후에도 포식자들로부터 안전하게 지켜내기 위해 다른 유사한 서식지로 반복해서 옮겨진다. 치어들은 어른 물고기들이 다시 산란할 때까지 최대 1개월 동안 부모와 함께 지낸다.

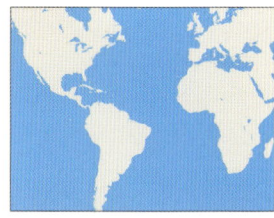

세계 어느 곳에?
기니 남부에서 리베리아까지,
서아프리카와 중동, 아시아 남부,
미국에서 남아메리카까지 분포한다.

얼마나 클까?

등지느러미
등지느러미는 등의 대부분의 부위에서 중앙을 따라 내려온다.

꼬리지느러미
꼬리지느러미는 둥그렇고 작은 반점들로 덮여 있다.

천연색
시클리드의 빨간색 외모는 산란기가 시작될 때 훨씬 더 강렬해진다.

무늬
세 개의 까만 반점이 몸의 양 측면에 나타나며 아가미 반점이 가장 눈에 띈다.

킬러물고기
어떤 시클리드는 포식성의 품종으로 발달되어 다른 물고기들을 공격한다.

적응성
시클리드가 커다란 다양성을 보여주는 곳은 동아프리카의 호수들이다. 어떤 종들의 턱 구조는 변형되었고, 이 때문에 시클리드는 다른 먹이를 먹게 되었다.

말뚝망둥어
Mudskipper

생태 정보
무게: 12~23g
길이: 15~25cm
성 성숙: 1~2년
알 수: 60~400개,
벽이 있고 공기가 통하는
굴 안에 알을 낳고 종종
수컷이 지킨다.
부화 기간: 5일, 아주 작은
유충들은 처음에
플랑크톤을 먹고 살고,
7주 후에는 바다에서
조간대로 돌아간다.
먹이: 보통 육식성. 다양한
갑각류와 기타 무척추
동물들을 잡아먹는데,
어떤 것들은 채식한다.
수명: 5년

조수간만에 의해 드러나는 개펄에 사는 이 독특한 물고기는 물 밖에서도 살아남을 수 있고 땅에서 이동할 수도 있다.

말뚝망둥어의 가슴지느러미는 원시적인 팔 다리가 변화된 듯 기어오르거나 땅에서 걷는 것을 도울 뿐만 아니라 모래에 굴을 파는데도 도움이 된다.
아가미방은 매우 크게 발달해 있는데 말뚝망둥어가 물 밖으로 나오면 밀폐된 채 아가미가 탈수되는 것을 방지하는 것과 동시에 뭍에 나와 있는 동안에도 계속 물에서 산소를 얻을 수 있게 한다.

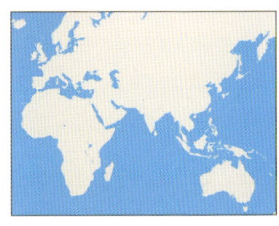

세계 어느 곳에?
말뚝망둥어는 아열대와 열대 지역에 한정되어 있다. 아프리카의 서쪽 해안과 인도·태평양 지역, 동쪽으로 일본까지 나타난다.

얼마나 클까?

천연색
보통 회색이지만 다채로운 색의 반점과 줄무늬가 지느러미와 몸에 나타난다.

눈
머리 꼭대기에 눈에 잘 띄게 달려 있고, 눈으로 위험을 경고해 준다.

피부
피부를 촉촉하게 유지될 필요가 있지만 말뚝망둥어는 양서류처럼 뭍에서도 호흡할 수 있다.

체형
몸은 길고 가는데 비해 머리가 크다.

생활방식
맹그로브 늪지가 말뚝망둥어의 전형적인 서식지이다. 조류가 빠지면 말뚝망둥어는 입으로 공기를 호흡할 수 있다.

빨판 원반
몸의 아랫면에 가슴지느러미들 사이에 있는 흡입패드는 말뚝망둥어가 물속에서나 물 밖에서 몸을 고정시키는 것을 돕는다.

샴투어
Siamese Fighting Fish

생태 정보
길이: 7.5cm
성 성숙: 6개월
알 수: 최대 500개.
수컷이 거품 둥지에
알을 낳고, 지키고, 모은다.
부화 기간: 1~2일.
치어는 처음에는 움직이지
못하고 약 4일 후 헤엄치기
시작한다.
서식지: 샴투어의 거품
둥지가 고정될 수 있도록
수초가 있는 얕고 고요한 물
먹이: 식충성. 다양한
종류의 작은 수생 무척추
동물들을 잡아먹는다.
수명: 2년

다양한 색깔의 아름다운 이 물고기들은 아시아에서 수세기 동안 길러지고 있으며 지금은 전 세계적으로 인기 있는 관상어이다.

수컷 샴투어는 천성적으로 공격적인 면이 있지만 자신의 침을 사용해 알을 위한 거품 둥지를 만들며 부지런히 새끼들을 돌보기도 한다. 거품둥지는 식물 사이에 정박해서 수면에 떠 있다. 이 물고기들이 수면 위로 올라온 동안에는 아가미 근처에 있는 미로 같은 기관으로 대기를 직접 호흡할 수 있다. 이 때문에 샴투어들은 산소 함유량이 낮은 천천히 흐르는 물에서 살아남을 수 있다.

세계 어느 곳에?
샴투어는 동남아시아 전역을 돌아다녀서 원 분포지가 불분명하지만 분포 중심지는 태국으로 여겨진다.

얼마나 클까?

입
위로 향한 입은
샴투어가 수표면에 있는
곤충들을 잡는데
도움이 된다.

등지느러미
몸의 윗부분에서
상당히 뒤쪽에,
꼬리쪽으로 자리 잡은
등지느러미는 암컷보다
수컷에 있어 더 크다.

천연색
색은 다양하지만
파랑색과 빨간색조가
아주 흔하다.

꼬리지느러미
토산종의
꼬리지느러미는
둥글다.

둥지 트는 기술
수컷은 한 번에 약 15개의 알을 입으로 나를 수 있다.
그러고 나면 암컷은 한 배의 알이 완성될 때까지
더 많이 방출한다.

물고기 양식
관상용 샴투어의 지느러미들은
야생 동족들의 지느러미보다
더 길게 발달했다.

새끼 수컷들(오른쪽)은 2개월부터
구별될 수 있다.

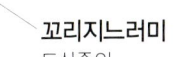

49

블루페이스엔젤
Yellow-Masked Angelfish

생태 정보
무게: 1.1kg
길이: 38cm
성 성숙: 1년.
암컷은 자성성숙(雌性先熟)
자웅동체(암컷이 수컷으로
변형되고 번식할 수 있음)
알 수: 25,000~75,000개.
아주 작고 물에 뜰 수 있다.
플랑크톤 층에 떠 있다.
부화 기간: 1일.
새끼들은 처음에는
플랑크톤을 먹고 살며
이후 4주면 표류를 멈춘다.
먹이: 잡식성. 해면류와 피낭
동물, 해조류를 먹고 산다.
수명: 5~12년.

바다 엔젤피시들은 세계의 열대 암초에 서식하는 생물들 중 가장 다채로운 색을 띤다. 천성적으로 단독 생활을 하며 성숙함에 따라 외모가 극적으로 변한다.

블루페이스엔젤은 엔젤피시 중 가장 큰 종 중의 하나로 먹이를 찾아 암초를 헤맨다거나 동굴 근처의 도랑에서 종종 발견된다. 새끼 물고기들은 눈에 잘 안 띄며 은신처 주변에서 뜯어먹을 수 있는 해조류가 있는, 얕은 동굴에 숨어 지낸다. 산란 시 블루페이스엔젤은 쌍을 형성하는데 개체수가 많은 곳에서는 산란이 공동의 일이다.
암수 성별을 구별할 수 있는 특별한 방법이 없다.

세계 어느 곳에?
인도양·서태평양 해역, 동아프리카와 몰디브에서 동쪽으로 바누아투, 북쪽으로 예야마 제도까지. 팔라우와 미크로네시아의 크로세 주위에도 나타난다.

얼마나 클까?

입 부분
입 부분의 색깔은 개체군에 따라 다양하며, 줄무늬는 종종 노란색이라기보다 파란색이다.

가면
이 노란색 부분은 두 눈 주변과 이마 위로 확장된다.

대칭
등지느러미와 꼬리지느러미 둘 다 뒤쪽으로 상당히 넓어진다.

파란색 눈알무늬
등지느러미의 아래쪽에 있는 이 반점은 눈을 닮았다.

안전하게 머물기
엔젤피시는 암초에 있는 은신처를 이용하여 상어 같은 포식자들로부터 피할 수 있다. 이들은 이런 은신 지역을 다른 물고기들로부터 지킨다.

대부분의 새끼 엔젤피시들은 파랑색이며 몸에 줄무늬나 동심원 무늬가 있다.

51

클라운피시
Common Clownfish

생태 정보
길이: 최대 11cm,
암컷이 더 크다.
성 성숙: 1~1.5년
알 수: 100~10,000개,
암컷의 나이에 따라 다르다.
부화 기간: 약 7일,
수온에 따라 다르다.
새끼들은 최대 12일 동안
플랑크톤으로 떠다닌다.
서식지: 숙주 말미잘이 있는
얕고 고요한 암초 지대
수명: 야생에서 6~10년,
수족관에서 12년

클라운피시의 무늬는 광대의 페이스페인팅을 닮았지만 말미잘과 놀라운 협력관계로 상생하여 '아네모네피시'라고도 불린다.

클라운피시(학명:Heteractis와 Stichodactyla)는 말미잘 근처에 살며 위험이 느껴지면 말미잘의 날카로운 촉수들 사이로 뛰어드는데 몸을 덮고 있는 보호 점액 덕분에 촉수에 쏘이지 않는다. 말미잘은 클라운피시가 유인해 온 먹이를 얻을 수 있다.

모든 새끼 클라운피시들은 수컷이며 우세한 개체들은 암컷으로 변화하지만 암수 간에 분명한 색깔의 차이는 없다.

세계 어느 곳에?
인도양 동쪽에서 안다만 제도, 태국, 말레이시아를 거쳐 호주 북서쪽까지, 북쪽으로 필리핀, 대만, 일본을 거쳐 류큐 열도까지 서식한다.

얼마나 클까?

꼬리
꼬리는 짧고 지느러미 가장자리는 검정색이다.

무늬
무늬는 상당히 일관되나 개체들을 구별할 수 있을 만큼은 충분히 개성적이다.

지느러미 형태
일반적으로 둥글고 특히 가슴지느러미는 상당히 크다.

번식 습성
암수 쌍은 보통 이들의 숙주 말미잘에 매우 가까이에서 산란하며 수컷이 알을 위해 장소를 미리 청소한다.

등지느러미는 두 부분으로 나누어지며 보호 가시가 앞부분에 있다.

여왕파랑비늘돔
Queen Parrotfish

생태 정보
길이: 15~30cm.
성 성숙: 초웅은 암컷과 짝짓기하고 산란은 집합적으로 일어난다. 보통 각 초웅이 3~4마리의 암컷을 갖는다.
알 수: 수천 개
부화 기간: 1일, 유충은 표류하며 3일 동안 먹지 않는다.
서식지: 열대와 아열대 연안 수역
먹이: 산호와 암석에 있는 해조류, 그리고 해면류
수명: 최대 5년

파랑비늘돔은 해가 있는 동안에 활동적이며 화려한 외모로 산호초와 어우러져 장관을 이룬다.

이 파랑비늘돔은 수심 3~25m에서 발견된다. 강력한 턱은 먹이를 먹을 때 석회석을 완전히 으스러뜨리기도 한다. 황혼 무렵이면 점액으로 고치를 만들어 그곳에서 밤을 보내는데 고치는 냄새를 차단시키는 역할을 하여 포식자들로부터 공격받지 않게 지켜준다.
여왕파랑돔은 처음에 자웅동체였다가 차츰 암컷으로 변하지만, 몇몇은 초웅(처음 자웅동체 그대로)으로 성장한다. 이들은 공해(公海)에 산란한다.

세계 어느 곳에?
이 종은 대서양 서쪽에서 서식하며 버뮤다에서 플로리다와 바하마까지, 남쪽으로는 남아메리카의 북부 근처 지역까지 분포한다.

얼마나 클까?

꼬리지느러미
꼬리지느러미는 넓고 아래위로 연장된 부분이 눈에 띈다.

비늘
몸을 덮고 있는 비늘은 비교적 크고 눈에 띈다.

천연색
색은 개별적이며 밝은 색의 눈이 머리 무늬와 연결되어 있다.

부리
다부진 입 부분은 조류를 긁어내는데 사용된다.

해로운 습성
불행하게도 이 화려한 물고기는 산호를 파괴해서 암초의 건강에 피해를 준다.

파랑비늘돔의 입 부분 모양은 이 물고기들이 먹이를 획득하는 것을 돕는다.

변형
파랑비늘돔이 성숙함에 따라 변하는 것은 단지 이들의 성별뿐만이 아니라 외모도 그렇다. 특히 색깔이 변한다.

황다랑어
Yellow-Fin Tuna

생태 정보
무게: 최대 200kg
길이: 최장 2.4m
성 성숙: 1.6~2년
알 수: 매년 최대 2~3백만 개. 산란은 거의 일 년 내내 일어난다.
부화 기간: 1일, 새끼는 유충으로 플랑크톤 속에서 떠다닌다.
먹이: 동물성 플랑크톤과 유영하는 작은 유기체들. 성어는 매일 540g을 먹는다.
수명: 15~30년

어부들이 좋아하는 참다랑어 어족이 남획으로 대폭 감소되면서 이제는 동족인 황다랑어 또한 위기에 처해 있다.

황다랑어의 살이 불그스름한 것은 미오글로빈이라는 화학물질 때문이다. 이 화학물질은 산소와 결합하여 반드시 체내에 산소가 공급되게 하여 황다랑어가 더 빨리 헤엄칠 수 있게 한다.
황다랑어는 상어로부터 보호받기 위해 돌고래들과 함께 어울려 다니곤 하지만 그 대신 돌고래나 다랑어가 한꺼번에 어망에 잡혀 올라오기도 한다.

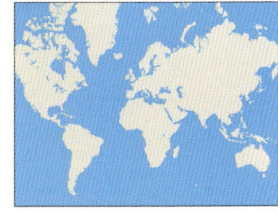

세계 어느 곳에?
적도 양쪽의 열대와 아열대 바다의 북위 40도에서 남위 35도 정도 사이에서 나타난다. 지중해에서는 발견되지 않는다.

얼마나 클까?

등지느러미
등지느러미는 두 구획으로 나누어지는데
두 번째 부분이 첫 번째 것보다 더 높다.

천연색
윗부분은 은색인 아랫부분보다
더 진하고 지느러미의 노랑색이
선명하다.

턱 구조
아래턱은 윗턱보다 더 길다.

윤곽
유선형은 황다랑어가
바다를 헤치고 빠르게
헤엄치는 것을 돕는다.

위험한 삶
어떤 생물들은 황다랑어를 사냥하는데
범고래는 전체 물고기 떼를 몰살시킬 수 있다.

사냥하기
황다랑어는 외해에서
시속 70km의 속도로 빠르게 이동할 수 있고
이 때문에 이들은 어마어마한 포식자가 된다.

악마가오리
Devil Ray

생태 정보
무게: 약 350kg
길이: 최대 520cm
성 성숙: 20~30년까지는 도달하지 못한다.
임신 기간: 불확실하다 (최대 25개월일 수도 있다).
새끼 수: 1마리, 출생 시 무게가 35kg이 나간다.
먹이: 주로 아가미판에서 걸러진 플랑크톤, 갑각류, 물고기를 먹고 산다.
수명: 대략 70년 혹은 그 이상

이름과는 달리 악마가오리가 물 밖으로 뛰어올랐을 때 우연히 배에 부딪치지만 않는다면 사람에게 해가 되는 일은 거의 없다.

대부분의 물고기들과 달리, 가오리들은 연골조직으로 되어 있다. 체내 수정을 하고, 알은 암컷의 몸속에서 발달하며, 암컷은 살아있는 새끼를 낳는다. 새끼들은 암컷의 체내에서 성장하는 동안 몸을 효과적으로 둥글게 말고 있다가 출생할 때 마침내 날개를 편다. 악마가오리는 커다란 몸체에도 불구하고 다양한 상어들의 희생물이 되거나 사람들에게 포획된다.

세계 어느 곳에?
난류가 흐르는 지역을 따라 넓게 분포하는데, 동아프리카로부터 태평양을 거쳐 미국 서부 해안, 또한 대서양까지 포함한다.

얼마나 클까?

눈
눈이 작고,
상단의 눈꺼풀이
안구와 융합되어
있다.

날개
확장된 가슴지느러미들은
가오리에게 추진력을
제공하고, 몸의 일부-
디스크라고 불리는-를 형성한다.

아가미
5쌍의 아가미들이
몸통의 아랫면에 위치해 있고,
두 줄로 배열되어 있다.

꼬리
꼬리는 좁고
점점 가늘어지며
맨 밑부분에
찌를 수 있는
가시가 있다.

가오리들은 종종
이들의 몸에 붙어 있는
빨판상어라는 작은 물고기와
함께 다니는데, 빨판상어는
기생충을 제거하는데
도움을 준다.

비행
가오리들이 물 밖으로 뛰어오르는 방식을
'브리칭(물 위로 뛰어오름)'이라고 부른다.
이들은 2m 높이까지 뛰어오를 수 있다.

무지개송어
Rainbow Trout

생태 정보
무게: 보통 2.5~10kg
길이: 거의 최대 1.2m, 보통은 훨씬 더 작다.
성 성숙: 바다에서 1~4년을 보낸다.
알 수: 약 4000개, 암컷의 크기에 영향을 받는다.
부화 기간: 약 1개월, 수온에 따라 다르다.
먹이: 새끼는 무척추동물을 먹고 살며 좀 더 나이든 개체들은 주로 물고기를 먹는다.
수명: 보통 4~6년, 최장 11년까지 가능.

무지개송어는 측면의 선명한 색상 때문에 그 이름을 얻었다. 적응력이 강한 종으로 지금은 전 세계적으로 분포한다.

이 송어의 독특한 무지개색은 보통 담수 환경에서만 유지된다. 바다에서 성장하는 동안에는 강철 색조의 회색이 되어 강해성(降海性) 무지개송어(steelhead)라고 불려진다. 강줄기를 따라 바다에 닿을 때까지 장거리를 이동하고 바다에서 성장했다가 산란하기 위해 다시 담수로 돌아오는데 이 연어과의 물고기들 중에는 전 생애를 담수 환경에서 보내는 것도 있을 것이다.

세계 어느 곳에?
북아메리카의 태평양 연안을 따라 자연발생적으로 나타나며 알래스카에서 아래로 멕시코까지 확장된다. 전 세계적으로 80개 이상의 나라들에 유입되었다.

얼마나 클까?

윤곽
윗턱부터
등지느러미까지
부드러운 곡선이 있는
미끈한 체형

반점
지느러미와
몸에 있는 반점 무늬는
매우 개별적인 특징이다.

가슴지느러미
아가미 덮개 아래,
바로 뒤쪽으로 위치해 있다.

턱
턱은 강력하며
벌린 입의 넓이가
꽤 크고 일렬로 난
이빨이 있다.

매복하는 포식자
더 큰 무지개송어는 다른 물고기들을
먹이로 삼는데, 자신과 같은 종류도
먹는다.

민첩성
무지개송어는 시력이 좋으며
수면 근처에서 날고 있는
곤충도 잡을 수 있다.

더 나이 든 예에서는 턱 선이
눈 너머까지 길어진다.(위)

대서양연어
Atlantic Salmon

생태 정보
무게: 보통 2.3~9kg,
최대 35.89kg 기록.
육봉(陸封) 연어는 더 작다.
길이: 최대 1.5m
보통은 훨씬 더 작다.
성 성숙: 바다에서의
1~2년 후
알 수: 몸무게 0.454kg 당
700~800개
부화 기간: 10월에서
11월에 산란한다.
알은 4월에 부화한다.
먹이: 새끼는 무척추동물을
먹고 살며 자라면 주로
물고기를 먹는다.
수명: 4~10년

이 연어들은 담수에서 생을 시작하며 바다로 나가 성장했다가 부화했던 그 강으로 다시 돌아와 산란을 한다.

대서양연어는 연어새끼(alevin)일 때는 떼로 살다가 연어치어(parr)가 되면 강에 흩어져 산다. 이들이 약 15cm 길이가 되어 강 하류로 향할 때는 2년생연어(smolt)라고 불려지는 독특한 성장단계를 거친다.
이 연어들의 놀라운 후각은 바다에서 1~2년 성장한 후 자신들의 산란지를 찾아 돌아오는데 큰 도움이 된다. 고된 여정에도 불구하고 대서양연어는 흔히 평생에 한 번 이상 산란을 한다.

세계 어느 곳에?
북대서양과 연어가 자라는 강에 발생하며 북극권부터 남쪽으로 북아메리카의 커네티컷 강과 유럽의 포르투갈까지 나타난다.

얼마나 클까?

카이프(kype)
산란 상태의 수컷들은
'카이프(kype)'라 불리는
부어오른 곳이
아래턱 끝에 발달한다.

입
이빨은 날카로워서
다른 물고기들을 잡는데
도움이 된다.

천연색
색은 연어의
나이에 따라
다양하다.
이 단계에서는
불그스름한
반점이 뚜렷해진다.

산란
암컷은 산란 장소를 선택해 지느러미로
둥지, 즉 산란 구역을 파고 옆으로 눕는다.
후에 같은 방식으로 알을 덮는다.
알은 최대 25㎝ 깊이로 파묻는다.

뒷지느러미
뒷지느러미에는 13개가 못 되는 선이 있다.
태평양 연어는 선이 더 많다.

급류 뛰어넘기
연어는 이들의 전통 산란지로 다시 향할 때
자연 장벽과 인공장벽 등 수많은 장벽에
직면한다.

산란하러 돌아오는 연어들에 있어서
턱 윗부분은 뒤틀린 것처럼 보인다.

데블라이온피시
Devil Lionfish

생태 정보
무게: 1.1kg
길이: 최대 38cm
성 성숙: 2년
알 수: 2000~15,000개,
공 모양으로 낳고
체외수정된다.
부화 기간: 유충은
25~40일을 표류하며
플랑크톤 열 속에서
자란 후 암초로 내려온다.
먹이: 포식성. 새우 같은
작은 갑각류와 작은
물고기를 사냥하고, 또한
동족도 잡아먹는다.
수명: 10~15년

자연에서는 선명하고 밝은 색상이 흔히 경고의 신호 역할을 하듯 매우 천천히 헤엄치는 이 라이온피시의 경우도 가시 끝부분에 치명적인 독이 있다.

라이온피시는 얕은 연안, 최대 수심 약 60m까지 거주하며 이들의 색과 지느러미 무늬는 주변 환경인 암초와 어우러져 놀랄만한 위장술로 둔갑한다. 천천히 헤엄쳐 다니는 모습은 마치 해초처럼 보이기도 한다. 몸에는 독이 있어 포식자들로부터 스스로를 보호한다. 만일 라이온피시에 찔렸다면 감염된 부위를 뜨거운 물에 담가 독을 응고시키는 응급처치가 필요하다.

세계 어느 곳에?
홍해에 나타나며 남쪽으로는 남아프리카의 포트 알프레드 인근, 동쪽으로는 인도양을 거쳐 수마트라까지 발생한다. 또한 지중해 동부에서도 보고되었다.

얼마나 클까?

무늬
몸의 줄무늬는 매우 개별적이어서 이 특별한 물고기가 쉽게 구별될 수 있게 한다.

촉수
촉수가 각 눈 위에 나타나며 감각 기능을 가지고 있다.

숨겨진 눈
라이온피시의 눈은 검은 줄무늬로 잘 숨겨져 있다.

지느러미
지느러미 끝부분에는 날카로운 돌기들이 있다. 독은 인간에게 치명적일 수 있다.

천연색
불그스름한 색에서부터 황갈색까지 있으며 어떤 지느러미들에는 흰색 부분과 반점 무늬가 있다.

잡기 기술

이 물고기들은 지느러미를 이용하여 먹잇감을 구석으로 몰고, 그러고 나서 달려들어 그 불행한 생물을 잡는다.

웰스메기
Wels Catfish

생태 정보
무게: 평균 20kg,
거대한 것은 무게가 150kg
이상 나가기도 한다.
길이: 약 1.5m이지만
이 크기의 두 배에 이를
수도 있다.
성 성숙: 3~5년
알 수: 몸무게 1kg당
30,000개
부화 기간: 3~10일,
수온에 따라 다르다.
먹이: 작은 메기는 벌레,
갑각류, 다른 물고기를
먹으며, 자라면서 양서류,
설치류, 오리를 먹는다.
수명: 30년 또는 그 이상

세계에서 가장 큰 담수 물고기 중의 하나인 웰스메기는 괴물 같은 모습이지만 인간에게는 위험하지 않다.

이들은 나무뿌리 같은 가라앉은 잔해가 많은 지역의 고요한 물에 몸을 숨기고 있다. 눈은 상당히 작지만 청각은 예리하여 수염과 함께 진흙탕의 물속에서도 쉽게 먹잇감을 찾을 수 있다. 따뜻한 주변 환경과 풍부한 먹이 공급은 이들이 계속 어마어마한 포식자로 성장하도록 돕는다.

세계 어느 곳에?
발틱 해 주위와 아래로 유럽 중부, 남부, 동부를 거쳐 카스피 해까지 확장된다. 몇몇 지역들에 유입되었다.

얼마나 클까?

천연색
개체들은 흔히 맑은 물에서는 검정색이고 진흙탕 물에서는 갈색이다.

등지느러미
몸의 상당히 앞쪽에 자리 잡고 있으며 작고 끝부분이 날카롭다.

수염
이 감각 돌기는 먹잇감의 위치를 찾아내는데 도움이 된다. 윗턱에는 두 개의 긴 수염이 있고 아래는 네 개가 있다.

입
입은 넓고 여러 줄의 이빨이 있다.

야간 활동
웰스메기는 어두워진 후에 더 활동적이 되는 경향이 있다.

번식
수컷은 산란 후에 알과 함께 머물며 꼬리로 새끼에게 부채질을 해주고 부화할 때까지 지킨다.

가시복
Spiny Porcupinefish

생태 정보
서식지: 산호초, 2~100m 깊이
길이: 20~36cm, 때때로 50cm에 달한다.
성 성숙: 약 9개월
부화 기간: 약 4일, 이후 유충은 플랑크톤 층에 표류하고 3주 후에 탈바꿈한다.
산란: 수면에서 일어나며 둥그런 알들이 수면에 떠 있다.
먹이: 성게, 소라게, 연체동물
수명: 5~7년

이 특이한 물고기가 다양한 이름으로 알려진 것은 단지 가시뿐만 아니라 자신의 몸을 부풀리는 특이한 모습 때문이기도 하다.

보통때는 길쭉하고 넓은 체형이던 이 물고기가 위협을 받으면 몸을 부풀려 스스로를 방어한다. 몸이 커지는 것과 동시에 가시까지 솟아 있다면 포식자가 삼켜 버리기를 망설일 수밖에 없을 것이다. 뿐만 아니라 강력한 이빨은 방어에 이어 공격하는 무기가 될 수 있으며 피부 또한 독성을 품고 있어서 방어와 공격을 한꺼번에 해낼 수 있다. 새끼들은 무리지어 생활하지만 성어는 단독 생활을 한다.

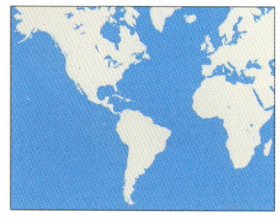

세계 어느 곳에?
플로리다에서 브라질까지, 대서양의 남아프리카 해안 주변에 분포한다. 바로 태평양을 건너 캘리포니아와 갈라파고스 군도 사이에도 존재한다.

얼마나 클까?

몸
몸은 부풀릴 수 있는데,
보호 가시를 분명히 나타낸다.

눈
큰 눈은 위험을
알아차리는데
도움이 된다. 헤엄을
잘 치지 못하는
가시복에게는
중요한 문제다

반점
가변적이며
매우 개별적인 반점이
윗부분에 집중되어 있다.

입부분
입 부분은 강력하여
딱딱한 껍질의
무척추동물을
으스러뜨릴 수 있다.

섭식
강력한 입부분 덕에 단단한 껍데기가 있는
무척추동물들을 부술 수 있다.
주로 밤에 먹이를 사냥하는 경향이 있다.

다른 관점
가시복은 포식자들에게 수영 실력으로 도망치지
못하지만 자신의 모습을 변화시키는 능력으로
자신을 안전하게 지킨다.

물보다는 공기를 들이마시는 것이 몸을 부풀게 하지만
물속에서는 이것이 치명적인 것으로 밝혀졌다.

갑오징어
Common Cuttlefish

생태 정보
무게: 최대 4kg
길이: 외투막 49cm
성 성숙: 1~2년
알 수: 20~35개, 수컷의 체내에서 수정되고 암수 모두 산란 후 죽는다.
부화 기간: 약 2개월, 바다 온도에 따라 다르다.
먹이: 새우와 게 같은 갑각류, 조개를 포함한 연체동물. 때때로 물고기를 먹고 동족을 먹기도 한다.
수명: 1~2년

이들은 갑오징어 중 가장 큰 종으로 바다의 비교적 얕은 모래 지역을 선호한다.

갑오징어는 포식자를 향해 진한 먹물을 발사하는 방법으로 스스로를 보호한다. 그리고 나서 재빠르게 제트 추진 방법을 이용하여 위험으로부터 도망친다. 해저에서 쉬고 있을 때는 몸의 색을 바꿀 수도 있다. 새끼는 어른의 축소판처럼 생겼고 새끼 때 먹던 먹이를 선호하여 어른이 되어서도 그 먹잇감을 좋아한다.

세계 어느 곳에?
발틱 해와 북해 전역에 발생한다. 남쪽으로 이베리아 반도를 경유하여 지중해까지, 아프리카 서부 해안을 따라 대륙의 남쪽 끝까지 나타난다.

얼마나 클까?

눈
눈은 크고 이 두족류들에게
좋은 시계를 제공한다.

외투막
외투막은 납작하고 하얀,
칼슘을 기반으로 하는
부력 보조 기구, 즉
오징어뼈를 포함하며,
폭풍 후에 종종
해안가로 휩쓸려 온다.

팔
갑오징어는
촉수라 불리는
8개의 팔을
가지고 있는데
팔의 아랫면에는
빨판이 있어
먹잇감을 제지하는데
도움이 된다.

알껍질
알 껍질은 개별적으로 낳아진다.
알 껍질은 크고(최대 2cm) 먹물을
함유하고 있기 때문에 색은 까맣다.

갑오징어는 세피아라고 불리는
자신의 먹물을 이용해
포식자인 장어로부터 도망친다.

사냥
갑오징어는 바닥에서 쉬며 먹잇감이
가까이 오면 긴 촉수를 이용해서 잡는다.

긴지느러미연안오징어
Longfin Inshore Squid

생태 정보
무게: 140~190g,
수컷이 더 크다.
길이: 외투막은 40~50cm.
성 성숙: 14~20개월
부화 기간: 약 27일. 유충은
플랑크톤층에 떠다닌다.
알 수: 200개. 연안 바다의
해저에 꾸러미로 낳는다.
먹이: 육식성. 벌레, 갑각류,
다른 오징어와 물고기를
포함하여 다양한
무척추동물을 먹는다.
수명: 2~3년

이 오징어는 떼를 지어 살며 밤바다 위로 비치는 밝은 불빛에 이끌려 어부들의 그물에 잡혀 올라온다.

오징어들이 무리지어 사는 것은 포식자들로부터 함께 보호 역할을 해내는 것이다. 직접적인 위협을 받으면 먹물을 방출하여 포식자의 시야를 흐릴 수 있다. 그리고 깔대기 모양의 기관을 이용해 물속에서의 추진력을 만들어 내어 재빠르게 헤엄칠 수 있다. 게다가 세 개의 심장이 있어서 산소를 충분히 공급할 수 있고 잘 발달된 신경계는 생물의학의 연구에서 광범위하게 사용되어 왔다.

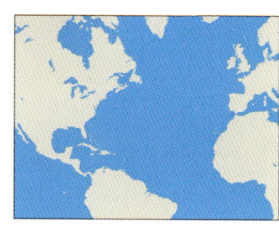

세계 어느 곳에?
북대서양에서 발견되며 뉴펀들랜드 해안에서 바로 아래로 카리브 해를 거쳐 남미의 베네수엘라 만까지 분포한다.

얼마나 클까?

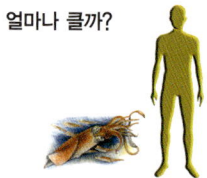

천연색
오징어는 위협을 받거나 구애 동작의 일부로 모습을 바꿀 수 있다.

지느러미
지느러미 길이가 이 품종을 다른 오징어와 구별해 준다.

사이펀
깔데기관이라고도 불리는 이 관은 눈 아래에 있다.

팔
입 앞에 여덟 개의 팔이 있는데, 더 긴 두 개의 촉수는 먹잇감을 잡는데 사용한다.

짝짓기
수컷은 구애 기간 후에 정포꾸러미로 정액을 암컷에게 옮긴다.

위험으로부터 도망치기
상어는 오징어를 먹이로 삼는다. 하지만 이 오징어의 놀라운 방향조정능력 덕분에 추격자를 피할 수 있다.

쇠고둥(물레고둥)
Common Whelk

생태 정보
길이: 높이는 약 10cm,
너비는 6cm
성 성숙: 1~2년
알: 작은 낭으로 낳으며,
각각은 약 1000개의
알을 포함하고 있다.
발달 기간: 쇠고둥
축소판의 형태로 알 낭에서
나와 몇 개월 유지된다.
서식지: 얕은 물에서
아래로 1200m 깊이까지
먹이: 다른 무척추동물들,
특히 다모류 벌레와
쌍각류 연체동물.
또한 죽은 고기도 먹는다.
수명: 최대 10년

이 육식성 바다 달팽이는 먹이의 냄새를 맡는 감각기관 사이펀이 잘 발달해 있다. 이 기관으로 물을 끌어당기기도 한다.

각 알 낭은 많은 알들이 수정되지 않기 때문에 적은 수의 새끼를 생산할 수밖에 없다. 부화하기에 앞서 새끼 쇠고둥이 살아가게 할 먹이의 원천 역할을 한다. 렌즈콩과 닮은 알 낭들이 바위에 붙어 있는 것을 볼 수 있는데 때로는 무리지어 있다. 알이 부화된 후 알낭은 자주 해변가로 표류하는데, 이들은 스펀지와 비슷해 보일 뿐만 아니라 '바다 세수비누'로 불리며 전통적으로 세척에 사용되어 왔다.

세계 어느 곳에?
유럽 북서부와 영국 해안을 따라 흔하다. 바위가 많은 지역, 특히 바위 사이의 웅덩이에서 썰물 때 눈에 띈다.

얼마나 클까?

껍데기
갈색 껍데기는 크며 나선형과 밝은 흰색 무늬들이 있다.

사이펀
스노클처럼 보이는 이 돌기 덕에 쇠고둥이 호흡할 수 있다. 사이펀은 깨끗한 물을 끌어 들인다.

판
판은 껍데기 안으로 끌려들어가는 마지막 부분으로, 내부를 봉쇄한다.

촉수
이 감각돌기들은 하얀색에 다양한 검은 얼룩무늬가 있다.

이빨
쇠고둥은 작은 이(denticle)라 불리는 이 작은 열의 이빨을 이용해서 먹이 조각들을 긁어낸다.

미끄러져 이동하는
이 쇠고둥은 발로 바위와 해저를 기어서 이동한다.

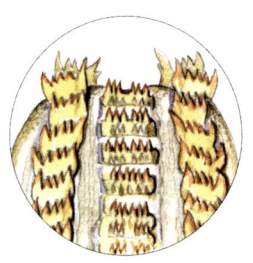

소라고둥
Triton

생태 정보
길이: 높이는 최대 35cm, 너비는 18cm
성 성숙: 1~2년
알: 작은 낭으로 낳으며, 낳은 지 약 2개월 후 부화할 때까지 보호 받는다.
발달 기간: 새끼들은 약 3개월 동안 바다의 플랑크톤 층에서 부유한다.
서식지: 보통 비교적 얕은 물이나 연안 바다에서 발견된다.
먹이: 무척추동물들, 다른 연체동물과 불가사리
수명: 10년 이상

바다의 신 포세이돈의 아들이 흔히 독특하고 매력적인 무늬의 소라고둥 껍데기를 들고 있는 것으로 그려진 것처럼 이 큰 연체동물의 이름은 그의 이름에서 따온 것이다.

소라고둥이 적극적으로 먹잇감을 사냥하는 습성은 특히 오스트레일리아의 대보초에서 환영받는다. 산호를 파괴하는 악마불가사리의 몇 안 되는 포식자들 중 하나이기 때문이다. 불가사리보다 빨리 움직여 먹잇감을 놓치는 일이 없으며 일단 불가사리를 잡으면 착 달라붙어 거친 입 부분을 이용하여 불가사리의 피부를 헤집고 마비시키는 침을 주입한다. 그리고 나서 부드러운 신체 부분을 먹는다.

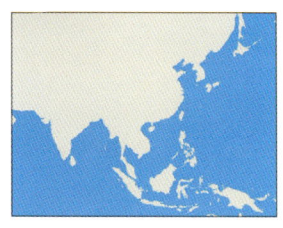

세계 어느 곳에?
이 속의 구성원들은 세계의 대양들, 온화한 바다와 열대 바다에 광범위하게 분포되어 있다. 가장 큰 종은 인도-태평양 지구에서 나타난다.

얼마나 클까?

껍데기
껍데기의 길이는 나선으로 나타낸다. 껍데기에는 뚜렷한 이랑이 있다.

천연색
가변적이고 개체에 따라 다르지만 밝은 갈색에 연한 색의 무늬가 있다.

껍데기의 우묵한 곳
이 부분은 호흡관, 즉 공기구멍을 제공한다.

촉수
이 감각 돌기들은 껍데기 아래에서 튀어나와 있으며 맨 아래 부분에 눈이 있다.

악기
전통적으로 커다란 소라고둥 껍질은 구멍을 뚫어 악기로 개조되어 왔다.

속껍데기
외부 입술은 독특한 주름으로 두꺼워져 있다. 껍데기의 안쪽 부분은 색이 오렌지빛이다.

대왕조개
Giant Clam

생태 정보
서식지: 열대 산호,
아래로 15m까지
길이: 최대 1.2m
성 성숙: 약 7년
부화: 24~48시간 이내,
약 1주일 동안
플랑크톤으로 산다.
새끼들은 길이가 2.5cm가
될 때까지 이동을 위한
발걸음을 보류한다.
알: 한 번의 산란으로
5억 개의 알을 방출한다.
먹이: 조류와 공생관계.
또한 플랑크톤도 먹는다.
수명: 100년 이상

대왕조개는 모든 연체동물들 중에서 가장 크다. 신화와는 달리 잠수부의 다리를 물거나 하지는 않는다.

새끼 조개가 바다밑에 영구적으로 정착할 때는, 제 몸의 조직에 있는 조류를 살아가게 하기 위해서 충분한 햇빛이 침투할 수 있는 비교적 얕은 장소를 찾는다. 특수한 소포가 있어 낮에 껍데기를 열어 놓은 채 휴식을 취하는 동안 조개의 조직 속까지 빛이 침투하도록 도울 뿐만 아니라 조류가 깊은 수위에서 자라도록 지지한다. 이 미세한 식물은 광합성을 하여 성장을 위한 양분을 생산한다.

세계 어느 곳에?
난류에 국한되며 인도양을 거쳐 동쪽으로 태평양 남부 지역들까지, 그리고 북쪽으로 필리핀까지 확장된다.

얼마나 클까?

사이펀
물은 이 관을 통해 빨아들여지고, 걸러내서 플랑크톤을 섭취한다.

외투막
선명한 파란색 내벽 조직이 있어 조류를 수용한다. 완전히 똑같은 색을 가진 개체는 하나도 없다.

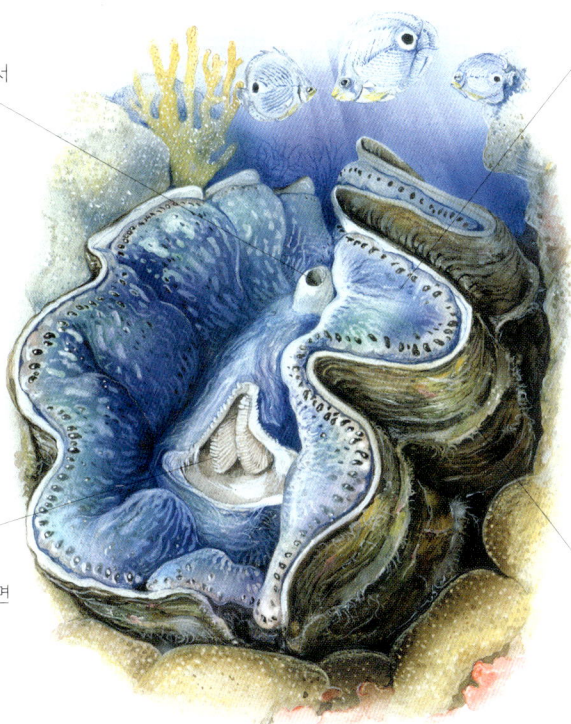

폐각근
조개가 껍데기를 닫으면 이 근육이 움직인다.

껍데기
세로로 홈이 새겨졌으며, 파도 모양을 이루는 껍데기의 각 절반이 껍데기가 닫힐 때 함께 끌어당겨진다.

외모의 변화
만약 조개가 넘어지면, 빛이 외투막에 닿는 것을 막아 조류가 굶어 죽는다. 하지만 조개는 자세를 적절히 조정할 수 있다.

번식
모든 대왕조개는 수컷으로 출발한다. 그러고 나서 약 8세가 되면 자웅동체가 되고 그 후에 암컷이 된다.

껍데기가 부분적으로 닫힐 때의 모습

포르투갈맨오워(고깔해파리, 작은부레관해파리)
Portuguese Man o' War

생태 정보
길이: 개별적인 생물체의 돛은 15cm이다.
번식: 번식을 맡고 있는 유성생식개체, 폴립은 수컷과 암컷 부분을 가지고 있다. 이것은 플랑크톤 속에 떠다니는 수정된 알을 방출한다. 유충은 무성으로 발달하며 자라면 고깔해파리가 된다.
서식지: 외해
먹이: 부유생물, 좀 더 큰 갑각류와 작은 물고기
수명: 1년

이들의 모습은 하나의 생물로 보이지만 고깔해파리는 유기체의 군집이다.

고깔해파리는 수영을 못하기 때문에 표류하다 해변가로 밀려온다. 촉수에 붙어 있는 가시세포가 먹잇감에 달라붙으면 통증을 일으키면서 마비시키는데 고깔해파리가 죽은 후에도 위험하다.
붉은바다거북을 포함하여 피부가 두꺼워서 고깔해파리의 가시에 영향을 받지 않는 생물체들이 이 고깔해파리를 먹고 사는 천적이다.

세계 어느 곳에?
세계의 따뜻한 바다 전역에 광범위하게 분포한다. 특히 인도양과 태평양, 또한 북대서양의 멕시코 만류에 흔하다.

얼마나 클까?

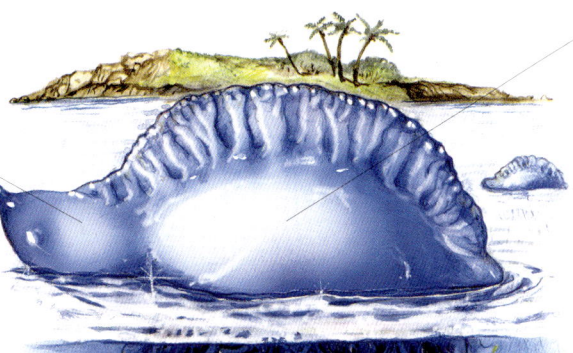

천연색
고깔해파리의 독특한
파란색 때문에
블루보틀(bluebottle)로
알려지게 되었다.

부레
이 부푼 주머니는
높이가 최대 15cm이고
부력을 제공하며
돛이라 불린다.

촉수
가시 세포로 무장된 촉수들은
길이가 무려 10m나 된다.

폴립
좀 더 짧은 이 돌기들은
해파리의 먹잇감을
소화시키는데
도움이 된다.

가라앉기
고깔해파리는 돛을 오므라뜨려서
파도 아래로 미끄러져 위험을 피할 수 있다.

바다에서의 안전
어떤 물고기들은 고깔해파리의 가시에
면역성을 개발해 고깔해파리와 더불어서
안전하게 사는데 적응해 왔다.

해마류
Seahorses

생태 정보
길이: 1.6~25cm
성 성숙: 4개월~1년
알의 수: 5~1500개,
평균적으로 100~200개
부화 기간: 14~28일,
새끼가 주머니를 떠난 지
하루 이내에 어른 쌍은
다시 짝짓기를 한다.
서식지: 은신처와 산호초가
많은 해초 지역과 기타
연안 지역들
먹이: 작은 해양생물들
수명: 1~5년

해양생물임에도 불구하고 해마들은 훌륭한 수영선수가 아니다. 말의 형상을 닮아 해마라는 속명을 얻었다.

해마의 색깔은 다양하며, 부분적으로는 환경의 영향을 받는다. 뼈가 다 드러나는 몸에 있는 돌기들은 해초와 닮았다. 흔히 열대암초와 관련이 있지만 해조류가 풍부한 곳에 살며, 온화한 연안수역에서 해마가 발견되는 것은 드문 일이 아니다. 꼬리지느러미 대신 꼬리를 가지고 있어 바닷속에 살면서도 헤엄은 잘 치지 못한다. 한 쌍은 함께 결합되어 있어서 서로 교류한다.

세계 어느 곳에?
비교적 따뜻한 연안수역과 맹그로브에 서식한다. 대서양 서부와 인도-태평양 지역, 북위 50°에서 남위 50°에 가장 많이 분포한다.

얼마나 클까?

코
코로 아주 작은 해양생물을 빨아들이고 삼킬 수 있다.

꼬리
헤엄을 잘 치지 못하는 해마는 휩쓸려 가지 않기 위해 꼬리로 해초를 말아서 움켜잡는다.

해마가 서로 부둥켜안듯 꼬리를 말기도 한다.

주머니
짝짓기 후에, 암컷은 수컷에게 알을 옮긴다. 수컷은 새끼가 나오기 전까지 자기의 주머니에서 알을 품는다.

해마는 등에 있는, 부채 모양의 작은 등지느러미를 이용해 수영한다.

빨간속불가사리
Red-knobbed Starfish

생태 정보
서식지: 열대 산호,
약 30m 깊이까지
길이: 최대 길이가 36cm
성 성숙: 1년
부화: 부유하는 유생이
나와 몇 개월 동안
이 형태로 지낸다.
알: 수컷은 한 마리의
암컷이 방출한, 아마도
수백만 개의 난자를
체외수정 시킨다.
먹이: 연체동물을 팔로
잡아 찢는다.
수명: 3~5년

불가사리의 모습은 크기, 형태, 색이 다양하지만 다섯 개의 팔로 불가사리를 알아볼 수 있다.

불가사리의 몸은 피부 아래의 칼슘 골격에 의해 강화된다. 만약 팔 중에 하나를 잃어도 시간이 지나면 재생된다. 심지어 심한 부상 후에, 하나의 개체가 두 마리의 불가사리로 재생되는 것도 가능하다. 이것은 곧 불가사리가 각각의 팔 아래에 있는 자신의 신경계를 통제할 뇌가 없다는 사실을 뒷받침해 준다. 이들은 또한 피가 없다.

세계 어느 곳에?
홍해에서 인도-태평양을 가로질러 인도네시아를 이루는 섬들 주변, 동쪽으로는 태평양 열대지방까지 확장된다.

얼마나 클까?

팔
짧고 삼각형이다.

외모
윗부분은 팔과 몸에서 무작위로 튀어나온 작은 혹이 있다.

천연색
팔 끝부분은 빨간색이며, 빨간 테두리가 희끄무레한 등 표면으로 이어진다.

단면도
관족의 구조와 몸속의 물의 흐름을 보여주는 전형적인 불가사리

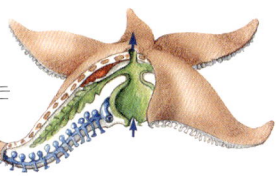

관족
아랫면에 나타나는 관족은 불가사리가 잡고 이동하는데 도움이 된다.

청둥오리
Mallard

생태 정보
무게: 1~1.5kg
길이: 50~65cm
성 성숙: 두 살이 되어야 알을 낳을 수 있다.
부화기간: 28일
알 수: 7~16개, 색깔은 황갈색과 잿빛을 띤 녹색
먹이: 물과 육지에 있는 식물과 무척추동물을 먹고 살며, 인간이 남긴 음식들, 특히 빵 같은 것을 뒤져 먹는다.
수명: 평균 7~10년

도시의 공원이나 수로에서 청둥오리는 흔하게 보이며 사는 곳에서 알을 낳는다. 이들은 오늘날 가금오리들의 조상이다.

청둥오리는 매우 적응력이 빠른 물새이다. 성별을 구분하는 것은 번식기에만 가능하며 나머지 기간에는 수컷들의 색이 주로 갈색을 띠면서 암컷 오리와 닮는다. 단, 수오리의 부리는 주황색보다는 노란색을 띠므로 암수를 감별할 수 있다. 많은 청둥오리 중에 암컷이 부족해서인지 수오리는 다른 종의 오리와 이종교배를 하여 잡종 오리 새끼를 만든다.

세계 어느 곳에?
유럽 서부의 대부분의 지역에 걸쳐 거주한다. 동쪽으로 이동하는 여름 철새로 북미 대부분의 지역에서 멕시코까지, 동쪽으로 그린랜드까지 존재한다.

얼마나 클까?

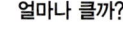

날개 찬점(炫爛さ)
날개를 가로지르는
이 선명한 색의 줄무늬는
날고 있을 때
가장 눈에 띈다.

깃털
다 자란 수오리는
머리 위의 무지갯빛 녹색 깃털로
쉽게 구별된다.

발
오리들이 헤엄치는 것을 돕는
물갈퀴가 발가락 사이에 있다.
발가락들 끝에는 발톱이 있다.

꼬리
수컷 청둥오리들은
말려 올라간 꼬리 깃털을
가지고 있다.

청둥오리의 흰색 가슴

꼬리를 위로
청둥오리는 수면성 오리로
수초에 닿기 위해 물속에서
몸을 거꾸로 한다. 하지만
육지에서도 먹이를 찾는다.

재갈매기
Herring Gull

재갈매기는 적응력이 높아서 내륙에서도 종종 발견된다. 특히 겨울철 호수같이 물이 많은 지역에서 찾아볼 수 있다.

몸집이 큰 재갈매기들은 지난 50년간 마을과 도시로 영역을 확장하면서 그들의 습관 또한 주목할 만한 변화를 겪어왔다. 마을 길가에 버려지는 음식쓰레기의 양이 증가하자, 쓰레기 봉지를 찢어 먹을 것을 찾는 법마저 터득했다. 재갈매기 부부는 빌딩 지붕에 새끼를 낳는데, 이것은 기존의 절벽에 둥지를 만들던 습성을 그대로 옮긴 것이다. 재갈매기 부부는 새끼를 극진히 보호한다.

생태 정보
무게: 800~1250g. 수컷이 더 크다.
길이: 56~66cm
성 성숙: 3~4년
알 수: 2~3개. 연한 갈색에 어두운 반점이 있다.
부화 기간: 28~30일. 새끼는 약 40일 전후로 깃털이 다 나고, 어른 재갈매기의 보살핌을 받는다.
먹이: 물고기를 먹으며, 죽은 고기나 인간이 남긴 음식도 먹는다.
수명: 최장 31년

세계 어느 곳에?
범위가 방대하다. 북반구 대부분 지역에서 발견되지만, 꼭 그러한 것은 아니다. 유럽과 아시아, 북아메리카 연안의 많은 지역에 살고 있다.

얼마나 클까?

등
밝은 회색으로,
배 아랫부분이
흰색인 것과 대조된다.

부리
부리는 튼튼하고,
윗부리에 구멍처럼 생긴
콧구멍이 있다.
부리 끝 가까이에는
다양한 무늬의
빨간 점이 있다.

새끼 새
새끼들의 반점이 있는 깃털은
주변 환경에 융합되도록
보호색 역할을 한다.

발
발가락에는 물갈퀴가 있어
재갈매기가 수영을 잘 할
수 있게 돕는다.
날카로운 발톱도 있다.

함께 가기
천성적으로 시끄럽고 공격적인 재갈매기는
큰 소리로 우는데, 이는 구혼 의식의 한 부분이다.
부부는 짝을 지으면 평생을 간다.

겉모습의 변화
성인 재갈매기와 얼룩덜룩한 갈색 깃털이
새로 난 새끼, 새끼 재갈매기가
성인의 깃털을 갖추는데는 4년이 걸린다.

89

물총새
Kingfisher

생태 정보
무게: 35~40g
길이: 16~18cm
성 성숙: 부화한 해에
번식하는 것으로 보인다.
알 수: 6~7개.
색깔은 하얗다.
부화 기간: 19~21일.
새끼는 27일이면 깃털이
다 난다. 어른 암수
한 쌍은 매년 최대 3번
새끼를 낳는다.
먹이: 물고기를 먹고 살며,
또한 올챙이, 어른 양서류,
새우 같은 수생 갑각류와
연체동물도 먹는다.
수명: 7~15년

강둑에서 짧게 반짝이는 빛깔로 물총새들의 날갯짓을 알아볼 수 있지만 평소에는 조용히 나뭇가지에 앉아 쉬는 편이다.

물총새의 민첩한 움직임에도 불구하고 먹이를 얻는데 항상 성공하는 것은 아니다. 물총새는 호수와 운하같은 천천히 흐르는 담수의 수면에서 가장 보기 쉽다.
쉴 때는 나뭇가지에 앉아 주의깊게 먹잇감을 살핀다.
물총새는 추운 날씨에 특히 취약하다. 물고기를 발견하기 힘들어지기 때문이다. 그러나 더욱 심각한 것은 수질오염과 수중생물의 말살로 인해 물총새의 개체수가 점점 줄어들고 있는 것이다.

세계 어느 곳에?
북부 지역을 제외하고는 유럽 대부분의 지역과 북아프리카, 아라비아 반도를 거쳐 동쪽으로 동남아시아와 솔로몬 제도에 나타난다.

얼마나 클까?

부리
수컷에게서는 완전히 검정색인 반면 암컷들은 부리의 맨 아랫부분이 불그스름한 오렌지색이다.

눈
투명한 막으로 보호된 눈은 물속으로 잠수할 때 눈을 덮어 보호한다.

콧구멍
콧구멍은 길고 가는 틈같이 생겼고 부리의 맨 아랫부분에 위치한다.

등
등의 무지갯빛 청색은 머리까지 연결된다.

번식 습성
물총새는 강둑에 굴을 짓는데 이 굴은 새끼가 양육되기 위한 알 품는 둥지로 사용된다.

새끼 물총새

사냥 기술
물총새는 끈기 있게 그리고 조용히 물고기를 지켜보다가 필요시 날개를 뒤로 접어 잠수하기도 한다. 물총새는 수중에서도 사물을 잘 볼 수 있어서 부리로 물고기를 잡는다. 수면을 가르고 나와서는 편안한 나뭇가지로 날아가 물고기를 나무에 대고 반복해서 때려 기절시킨 후 머리 먼저 삼킨다.

호아친
Hoatzin

생태 정보
무게: 816g
길이: 전체 길이가 65cm
성 성숙: 약 2년
산란 수: 2~3개. 크림색에 갈색, 파란색 또는 분홍빛 반점이 있다.
부화 기간: 28일. 새끼는 완전히 자라기 전 약 10~14일에 털이 다 난다.
먹이: 초식성. 필로덴드론 (philodendron) 과 식물 중 습지와 늪지에 나는 것을 주로 먹는다.
수명: 야생에서 20년, 사육될 때는 30년까지 살 수 있다.

동물학자들은 이 원시적인 새에 대해서 오랜 시간 논쟁을 벌여 왔으며 여전히 논란의 여지가 있으나 DNA 연구 결과 뻐꾸기에 가장 가깝다.

세계 어느 곳에?
남아메리카 북부에 걸쳐 나타나며, 아마존 열대 우림 중에서도 아마존 강과 오리노코 강 유역에서 발견된다. 수로를 따라 살고 있다.

호아친은 다른 새들과는 달리 특이하게도 초목을 먹고 산다. 꽃과 과일은 물론 50종 이상의 다양한 식물을 먹는다. 독특한 것은 소화기관이 있는 미생물에 의존하여 식물을 발효시켜 소화시킨 후 영양분을 흡수한다는 것이다. 이 과정에서 불쾌한 냄새가 나기 때문에 어떤 지역에서는 호아친이 '악취 나는 새'로 알려져 있다. 호아친은 무리 지어서 살며 공동으로 둥지를 튼다.

얼마나 클까?

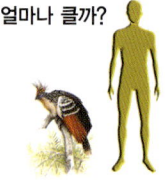

관모
넝마처럼 생긴 관모는
암수 모두에게 있으며,
앞쪽을 향해 동그랗게
말려 있다.

날개
날개 깃은 모두
비슷한 길이이다.
잘 날아다니지는
못한다.

부리
부리는 비교적 짧고 다부진데,
풀을 뜯을 때 적합하다.

모이주머니
목 맨 아래 부분에 있는
이 저장 기관은
먹이가 들어가면
극도로 부풀어 오른다.

새끼 호아친
새끼 호아친의 발톱은
곧 탈락된다.

생존을 위한 매달림
새끼 호아친은 날개에 발톱이 있어,
물속으로 떨어졌을 때 기어 나올 수 있다.

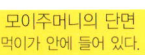

모이주머니의 단면
먹이가 안에 들어 있다.

검독수리
Golden Eagle

생태 정보
무게: 3~6.1kg, 암컷이 더 크다.
길이: 70~91cm,
날개폭은 1.8~2.2m
성 성숙: 5년
산란 수: 2개,
흰색 바탕에 진한 색 무늬가 다양하게 나 있다.
부화 기간: 약 45일.
새끼는 약 50일 후에 깃털이 다 난다.
먹이: 조류와 토끼 같은 포유류를 잡아먹는다. 가끔 죽은 고기도 먹는다.
수명: 야생에서 38년까지 살 수 있고, 사육될 때는 50년을 살 수 있다.

이 멋진 독수리는 시야가 굉장히 넓고, 먹이를 쫓을 때 시속 128km의 속도를 낼 수 있다. 고지대나 나무가 없는 지역에 자주 나타난다.

검독수리는 흔히 눈에 띄지 않지만 과거에 스코틀랜드 북부 지역과 같은 곳에서 새끼 양을 잡아먹는 것 때문에 심하게 박해를 받아왔다.

검독수리 부부는 넓은 영역을 차지하는데, 최대 56km²까지 되기도 한다. 새끼를 낳을 때는 보통 험준한 바위산이나 나무 위에 커다랗게 둥지를 짓는데 매년 같은 장소로 돌아와서 둥지를 늘린다.

세계 어느 곳에?
서유럽과 북아프리카, 스칸디나비아에서 아시아에 이르는 지역에서 산발적으로 나타난다. 흔하진 않지만 동부 지역에서도 찾아 볼 수 있다.

얼마나 클까?

눈
검독수리는 탁 트인 지역을 살펴보고 멀리서부터 먹잇감을 발견할 수 있다.

부리
크고 힘이 센 부리는 끝이 구부러져 있어서 먹이를 집을 수 있고, 죽은 동물 먹이의 살을 벗겨낼 수 있다.

천연색
일관된 검은색부터 황금빛 갈색까지 개체에 따라 색깔이 다양하다.

꼬리
이 부분의 깃털은 넓고 짧으며, 끝은 약간 둥글다.

들어올리는 능력
검독수리의 발은 강한 발톱으로 무장되어 있으며 '텔런(talon, 맹금의 발톱 같은 손가락)'이라 불린다. 이 발톱으로 먹이를 바이스(vice, 공작물을 끼워 고정하는 기구, 공구)로 죄는 것처럼 단단히 움켜쥐고 둥지까지 가져올 수 있다.

잠복하기
검독수리는 잠재적 먹잇감을 발견하면 주변 지형을 따라 낮게 날면서 자연 지형을 위장으로 사용한다.

95

솔개
Black Kite

생태 정보
무게: 0.56~1.2kg
종류에 따라 다양하다.
보통 암컷이 더 크다.
길이: 47~55cm
날개폭은 130~155cm
성 성숙: 2~3년
산란 수: 1~3개
흰색에 갈색 빛 반점과
얼룩무늬가 있다.
부화 기간: 약 28일.
새끼는 약 40일 후에
깃털이 다 난다.
먹이: 무척추동물과 새,
물고기, 포유류가 포함된
척추동물을 사냥한다.
또한 죽은 고기도 먹는다.
수명: 15~25년

다른 맹금류와 다르게, 솔개는 한 지역에서 최고 3천 마리까지 무리를 이루어 살면서 인간 거주 지역으로부터 혜택을 누린다.

솔개는 사냥꾼일 뿐만 아니라 청소부이다. 먹을 만한 것이나 무척추동물을 찾기 위해 쓰레기 더미에 모이기도 한다. 솔개의 먹이 습성은 종류에 따라 다양한데, 아시아에 있는 솔개는 가끔 제물로 남겨 놓은 절 음식을 훔쳐먹기도 하고, 오스트레일리아 솔개는 불이 난 초원에 모여 화염을 피해 도망가는 작은 생물체를 잡아먹는다. 솔개는 그들의 일상 분포 범위에서 멀리 떨어진 곳에서도 발견된다.

세계 어느 곳에?
분포 지역이 매우 넓다. 유럽 본토와 아프리카에서부터 중앙아시아와 인도, 아시아 남부 지역을 거쳐 남쪽으로 뉴기니와 오스트레일리아까지 나타난다.

얼마나 클까?

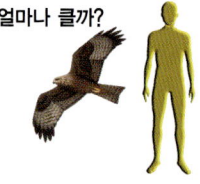

겉모습
솔개는 다섯 종류로 나뉘는데,
광범위한 분포 범위를 통해
품종을 알아볼 수 있다.

부리
부리는 굽어 있으며
끝은 독특한 갈고리 모양이다.
노란색 납막(cere)과 대조를 이룬다.

천연색
칠흑 같은 색깔은 아니며, 보통
갈색 빛에 검정색 무늬가 있다.

다리와 발
다리와 발은 노란색이고,
발끝에는 날카롭고 구부러진
발톱이 있다.

번식 습성
솔개는 나무에 둥지를 짓는다.
일반적으로 비교적 근접한 거리에서
여러 쌍이 새끼를 낳을 수 있는 숲을 선호한다.

독특한 비행 그림자
비행할 때, 솔개 꼬리는 끝이 뚜렷하게
갈라지지 않았기 때문에 이들과
가까운 종인 붉은 솔개와 구별된다.

다른 맹금류와 마찬가지로,
솔개도 발로 먹이를 옮긴다.

안데스콘도르
Andean Condor

생태 정보
무게: 39~73kg, 수컷은 암컷에 비해 훨씬 무겁다.
길이: 109~130cm
날개폭은 3.1m
성 성숙: 6년
산란 수: 1개, 흰색이며 길이가 약 10cm 정도 된다.
부화 기간: 약 59일.
새끼는 약 180일 후에 깃털이 다 난다.
먹이: 주로 죽은 고기를 먹는다. 해안으로 쓸려온 해양 포유 동물 같은 죽은 포유류를 찾는다.
수명: 50년

안데스콘도르는 세계에서 가장 커다란 크기의 나는 새 중 하나다. 거대한 날개폭 덕분에 거의 힘을 들이지 않고 상승 온난 기류(thermal)라 불리는 따뜻한 기류에서 활공한다.

이 거대한 맹금류에게 산맥이 중요한 것은 이들의 도약대가 되기 때문이다. 아침 태양의 온기가 기온을 충분히 높여 안데스콘도르가 이륙할 수 있고, 뜨거운 공기의 상승 기류를 이용해 하늘에 떠 있을 수 있다. 이렇게 안데스콘도르는 기류에 무게를 의지해서 별다른 노력 없이도 고도를 유지할 수 있다. 그렇기 때문에 날개를 자주 펄럭일 필요가 없고, 그저 유유히 활공을 한다.

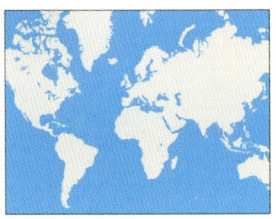

세계 어느 곳에?
남아메리카 서쪽과 안데스 산맥에서 살지만 멀리 널따란 땅과 해안까지 먹이를 찾으러 간다. 안데스콘도르는 숲 지역에서는 발견되지 않는다.

얼마나 클까?

머리
머리에 깃털이 없기 때문에 먹이를 먹을 때 깃털과 함께 피범벅이 되지 않는다.

날개
날개는 완전히 폈을 때 길이가 어마어마하고, 긴 날개 깃을 가지고 있다.

부리
부리는 힘이 세고 끝부분이 상당히 구부러져 있다. 부리로 고기를 찢어 조각낼 수 있다

발
발가락으로 먹이를 쥘 수 없기 때문에 반드시 땅에서 먹이를 먹는다.

바다의 먹이
안데스콘도르는 보통 해안을 살펴서 죽은 물개 또는 그 비슷한 생물체들을 찾는다. 때때로 먹잇감을 죽이기도 한다.

먹이 찾기
넓은 지형을 날아다니면서 잘 발달된 시력으로 땅 위에 죽은 고기를 찾아낸다. 어떤 지역에 다른 안데스콘도르들이 보인다는 것은 먹이가 있다는 표시이다.

안데스콘도르는 무리를 지어 먹는다.

매
Peregrine Falcon

생태 정보
무게: 530~1600g
암컷이 더 무겁다.
길이: 36~49cm
날개폭은 100~110cm
성 성숙: 2년
산란 수: 2~5개, 흰색부터
담황색까지, 붉은빛 또는
진한 갈색 반점이 있다.
부화 기간: 30~33일.
44일 즈음에 깃털이 다 난다.
먹이: 다른 조류를 사냥하며,
보통 비둘기를 잡아먹는다.
수명: 최장 15년

매(Peregrine Falcon)는 이름 'peregrine'이 방랑자를 의미하듯 엄청난 거리를 여행한다. 예를 들면, 겨울을 나기 위해 캐나다의 툰드라부터 남아메리카까지 날아간다.

세계 어느 곳에?
조류 중에 가장 널리 분포된 새 중 하나로, 남극을 제외한 모든 대륙에 살고 있다. 여러 대양도에서는 찾아보기 어렵다.

매의 사냥 기술은 최고 1km 이상을 날아오른 뒤 먹이를 향해 시속 320km 가까운 속도로 곤두박질쳐 치명적인 충격을 가하는 것이다. 먹이사슬의 꼭대기에 있는 매의 개체수가 1960년대까지 심각하게 줄어든 이유는 살충제 DDT(Dichloro-Diphenyl-Trichloethane)가 먹이 사슬을 통해 발현되어 알껍데기를 얇게 만들었기 때문이다. DDT가 금지된 이후로 매의 수는 다시 늘어나고 있다.

얼마나 클까?
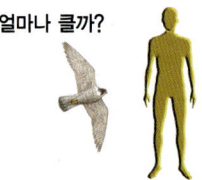

날개
길고 끝이 뾰족해서 공중에서 날 때 도움을 준다. 날개는 거의 꼬리 끝까지 닿는다.

납막
부리 위에 노란색 부분은 콧구멍을 에워싸고 있다.

무늬
아랫부분에는 줄무늬가 있는데, 암컷에게 더 선명하다.

발가락
발가락은 노란색으로, 가운데 발가락이 가장 길다. 발가락 끝에는 구부러진 검정색 발톱이 있다.

이동하기
매는 일반적으로 시속 40~55km 속도로 여행하며, 이동한다면 매년 25,000km의 거리를 이동할 수 있다.

사냥 전략
먹이를 향해 아래로 돌진할 때, 매는 날개를 접어서 공기 저항을 줄이고 속도를 높인다.

알려진 19종 사이에 깃털의 차이점은 뚜렷하다.

황조롱이
Common Kestrel

생태 정보
무게: 140~190g
암컷이 더 크다.
길이: 32~36cm
날개 길이 60~80cm
성 성숙: 2년
알 수: 3~5개, 적갈색 반점을 띤 희끄무레하거나 옅은 담황색
부화 기간: 약 30일. 35일 즈음 깃털이 다 난다.
먹이: 주로 들쥐와 같은 작은 포유류를 먹지만 작은 새나 무척추동물도 잡아먹는다.
수명: 최대 10년

이 매의 이름은 이 매의 소리로부터 유래한다. 황조롱이는 맹금류 중에서 작은 종류에 속하며 낮에 활동한다.

황조롱이는 다양한 지역에서 가장 눈에 잘 띄는 맹금류 중의 하나이다. 자동차도로에서 사냥을 하거나 도시의 큰 공원 주변의 주거지역을 보금자리로 하기 때문이다. 황조롱이는 예리한 시력을 통하여 땅 위에서 움직이는 먹잇감들을 발견해 낼 뿐만 아니라 자외선을 볼 수 있어 설치류 굴 주위의 배설 흔적을 감지하고 설치류들이 굴 밖으로 나오는 것을 감시한다.

세계 어느 곳에?
여름에는 스칸디나비아와 러시아 북부까지 포함하는 북유럽에 살고, 좀 더 남쪽으로 내려와 겨울을 난다. 이밖에 북아프리카와 아시아, 동쪽으로 중국까지 분포하고 있다.

얼마나 클까?

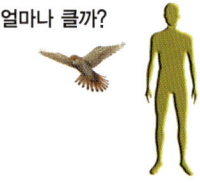

머리
수컷들은 머리에 있는
회색 깃털로 구별한다.

얼굴 무늬
광대뼈 줄무늬로 알려진
검정색 무늬가 눈 아래에
있다. 매의 일반적인
특징이다

등 색깔
기본적으로 갈색이며
불규칙적으로 검은 점들이
아랫부분까지 확장된다.

꼬리 색깔
수컷들은 회색이며
암컷들은 갈색이다.

사냥 기술
황조롱이는 시력에 의지하여
20m 높이에서 먹잇감을 발견한다.

사냥기술 배우기
새끼 황조롱이는 부모에게 의지하여
약 두 달간을 지내며 이 기간 동안
스스로 사냥할 수 있도록 사냥하는
기술을 배우게 된다.

뱀잡이수리
Secretary Bird

생태 정보
무게: 3.3kg
길이: 140cm
날개 길이 2m, 높이 130cm
성 성숙: 4년
알 수 : 2개, 때때로 3개.
옅은 녹색, 새끼 수컷들은
서로 죽이기도 한다.
부화 기간: 약 45일.
65~80일에는 깃털이
다 난다.
먹이: 뱀, 도마뱀, 설치류,
알, 새뿐만 아니라
메뚜기류와 기타
무척추동물들을 먹는다.
수명: 10~15년,
사육되어 20년

이 매의 이름은 '사냥하는 새' 라는 뜻의 아랍어 'sekareteur' 에서 유래하며, 장식깃털은 깃대 펜을 닮았다.

뱀잡이수리는 대부분의 시간을 땅에서 보낸다. 부부가 영역은 공유하지만, 사냥은 독립적으로 하며, 따로따로 지내는 경향이 있다. 뱀은 뱀잡이수리가 가장 좋아하는 먹잇감인데, 무서운 독을 가진 종들이라도 물릴 위험이 거의 없다. 뱀이 공격하기 전에 먼저 뱀의 목을 잡고 공중으로 반복해서 던져 기절시키는, 파충류들을 죽이는 독특한 방법을 발전시켜 왔기 때문이다.

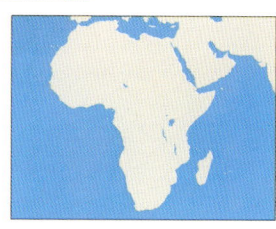

세계 어느 곳에?
아프리카, 사하라 남부에 국한되어 있다.
사냥을 쉽게 할 수 있는 넓은 평야지역이나
사바나지역에서 발견된다.

얼마나 클까?

장식 깃털
이 부분은 보통 뒤로 접혀져 있으며, 목덜미까지 이어진다.

꼬리
2개의 긴 꼬리 깃털이 있다.

넓적다리
검정 깃털로 덮여 있는 넓적다리는 길고, 뱀잡이수리의 키를 높게 해준다.

다리
걸을 때 큰 보폭이 가능하도록 다리가 길며, 큰 키는 넓은 지역에서 좋은 시계를 제공한다.

비행
뱀잡이수리가 종종 나는 때는 둥지까지 날아오를 때이다. 둥지는 주로 아카시아 나무에 짓고 매년 다시 사용한다.

이동 중
뱀잡이수리는 매일 3.2km 이상을 자주 걸으면서 먹잇감을 구할 기회를 엿본다. 다리가 긴 만큼 빨리 달릴 수 있다.

장식 깃털들은 구애 과정의 일부로 곧바로 펴져 있다.

흰눈썹뜸부기물새
Sun Bittern

생태 정보
무게: 210g
길이: 46~53cm
성 성숙: 2년
알의 개수: 2개.
검은 반점이 있는 담황색.
다 자란 어른들은
포식자들을 막기 위해
구애동작을 취한다.
부화 기간: 약 27일.
17~24일에 깃털이 다
난다. 새끼들은 두꺼운
털로 덮여 있다.
먹이: 다양한 무척추동물은
물론 물고기나 작은
척추동물들을 사냥한다.
수명: 10년.
사육되어 최대 17년

이 특별한 새들은 자신의 과에서 유일한 종류이다. 물 근처에 살며, 얕은 곳에 머무나 발가락 사이에 물갈퀴는 없다.

혼자 살기도 하고 때때로 짝을 이루어 살기도 하는 흰눈썹 뜸부기 물새는 번식기가 시작되면 수컷 새는 날개와 꼬리의 눈부신 색상을 드러내며 구애한다. 반구형의 둥지는 풀과 진흙으로 만들어지며, 지상 또는 나무나 관목의 가지 위에 만들어진다. 새끼 새들은 발달이 진행된 상태로 눈을 뜬 채 부화하지만 둥지를 즉시 떠나지는 않는다.

세계 어느 곳에?
멕시코 남부 지역으로부터 아래로 에콰도르까지 분포하며, 칠레에서도 발견된 적이 있다. 남아메리카 북부를 거쳐 안데스 동부와 브라질까지 확장된다.

얼마나 클까?

부리
단단하고 길다. 끝부분으로 갈수록 뾰족한 부리는
먹이를 찌르거나 잡기 위해 사용된다.

목
근육질이며 늘일 수 있는 목은
부리를 이용하여 강하게 때릴 때
힘을 더한다.

다리
다리는 튼튼하며, 나는 것보다
걷는 것을 좋아한다.

날개
날개의 화려하고 아름다운
태양 같은 무늬들이
이 새의 이름을 만들었다.

물고기사냥
부리는 강력한 무기가 될 수 있다.

사냥 전략
힌눈썹뜸부기물새는
조심스럽게 지켜보는 사냥꾼이며,
물속에서의 움직임을 관찰하면서
천천히 걸어가 재빠르게 낚아챈다.

깃털의 특징은 색이 선명하다.

푸른머리돼새
Chaffinch

생태 정보
무게: 18~29g
길이: 14~18cm
성 성숙: 부화한 후 그 해에 알을 낳는다.
알 수: 2~8개 담청색에 진한 보랏빛 얼룩무늬가 있다.
부화 기간: 13~16일, 새끼는 18일이면 깃털이 다 나고, 어른 쌍은 매년 두 번 알을 낳는다.
먹이: 다양한 씨앗을 먹고, 종종 새 모이판과 먹이통 아래서 쏟아진 씨앗을 찾는다. 또한 무척추 동물들을 먹기도 한다.
수명: 7~15년

이 돼새의 외모를 잘못 볼 리는 없지만 새끼는 암수 구별하기가 어렵다.

암수 한쌍은 번식기 후에 각각 겨울 서식지로 향한다. 수컷 돼새는 흔히 더 북쪽에서 관찰되며 종종 스칸디나비아로 향하는 반면, 암컷 돼새는 아일랜드에서 더 흔하다. 이들이 천성적으로 자주 가는 곳은 삼림 지역이지만 공원이나 정원에서의 생활과 번식에도 잘 적응해 왔다. 하지만 그런 환경에서는 고양이가 심각한 위협이 된다.

세계 어느 곳에?
유럽 대부분의 지역에 걸쳐 나타나며 가장 흔한 영국새 중 하나이다. 남쪽으로 북아프리카, 동쪽으로 러시아를 거쳐 우크라이나까지 확장된다.

얼마나 클까?

날개 깃
날개의 뒤쪽 가장자리를 따라 이어진다.

부리
원뿔 모양의 부리는 씨앗을 부수는데 사용되며 겨울에는 회색에서 연한 갈색으로 변한다.

아랫부분
여름 털갈이 후 이 부분에서는 더 선명한 분홍색 깃털을 볼 수 있다.

발
세 개의 발가락이 횃대의 앞부분을 잡거나 땅에서는 앞쪽으로 펼치고, 뒷발가락은 뒤쪽을 향한다.

비행 구분
하얀색 날개 줄무늬는 암수 간에 다르며 날개가 펼쳐졌을 때 가장 분명하다. 암컷은 수컷보다 더 회색 깃털을 가지고 있다.

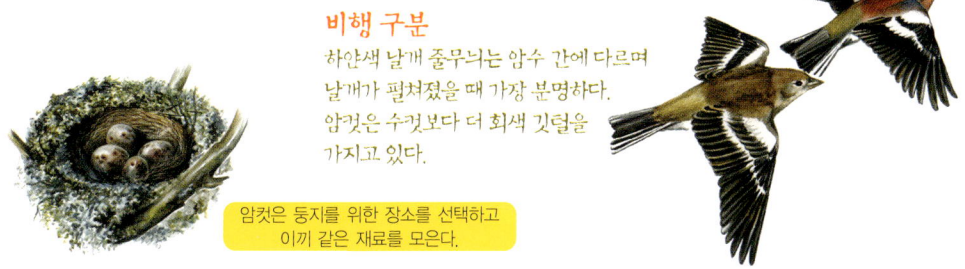

암컷은 둥지를 위한 장소를 선택하고 이끼 같은 재료를 모은다.

109

극락조
Raggi's Bird of Paradise

생태 정보
무게: 240~295g
길이: 34cm
성 성숙: 수컷 새는 어른 깃털을 획득하는데 약 5년이 걸린다.
알 수: 1~2개, 연한 담황색에 진한 색 반점이 있다. 넓은 끝부분에서 더 두드러진다.
부화 기간: 18~20일, 새끼는 17일이면 깃털이 다 나고 최대 2개월 동안 암컷이 먹이를 준다.
먹이: 과실을 상식한다. 과일과 베리류를 먹고, 약간의 무척추동물을 먹기도 한다.
수명: 최대 33년

이 극락조의 이름(Raggi's Bird of Paradise)은 1873년 제노바의 Marquis Raggi의 이름을 따서 지어졌고, 그 이후 파푸아뉴기니의 국조(나라새)로 채택되었다.

수컷 새들은 숲에 있는 lek이라 알려진 특정 구애 장소에 모인다. 다양한 구애동작에 끌린 암컷들은 지켜보다가 짝지을 수컷 옆에 날아 내려온다. 그 후에 암컷은 나뭇가지 위에 우묵한 그릇 모양의 연약한 둥지를 짓고 알을 낳아 혼자 돌본다. 번식은 연중 대부분 동안 일어난다.

세계 어느 곳에?
파푸아뉴기니의 남부와 북동부 지역들에서 발견되고 해수면에서 고도 1500m까지의 삼림 지역에 분포한다.

얼마나 클까?
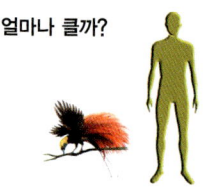

깃털
수컷 새들은 장식깃이 있고 암컷보다 더 눈부신 색상이다.

무지갯빛
목 아래 녹색 깃털은 밝은 곳에서 금속성의 광채를 띤다.

깃띠
깃털의 이 노란 부분은 대부분의 개체에서 나타나지만 모두가 가지고 있는 것은 아니다.

다리와 발
다리와 발은 강하고 극락조가 횃대에서 떨어져 구애동작을 할 때 극락조의 무게를 지탱할 수 있다.

구애
구애 장소에서 수컷들은 다양한 자세를 취한다. 독특하게 수직으로 세운 날개 자세가 이에 포함된다. 암컷이 다가오면 구애 동작은 훨씬 더 정교해지며 고개 숙이기와 시끄러운 울음소리를 동반한다. 빨간 꼬리 깃털들은 어깨 부분 너머로 앞쪽으로 내던져지며, 이때 꼬리 깃털에 있는 띠가 노출된다.

유럽동고비
European Nuthatch

생태 정보
무게: 20~24g
길이: 20~25cm
성 성숙: 부화 다음 해에 번식한다.
알 수: 4~13개, 하얀색에 불그스름한 반점이 있다.
부화 기간: 16~18일, 새끼는 25일이면 깃털이 다 나고 어른 암수 쌍은 매년 두 번 번식한다.
먹이: 겨울에는 씨앗과 견과류를 먹지만 여름에는 좀 더 식충성이 된다. 야생 조류 먹이를 먹기도 한다.
수명: 최대 11년

동고비는 천성적으로 시끄럽고 다양한 울음소리를 내어 자신의 존재를 알리지만 쉽게 발견하기는 어렵다.

땅딸막한 이 새들은 나뭇가지에 앉아 쉬지 않고 나무의 측면에 매달려 쉰다. 딱따구리와 몇몇 유사점을 가지고 있지만 나무에 구멍을 뚫기 위해 부리를 사용하지는 않는다. 그러나 나무껍질에 있는 구멍 안에 견과류를 박아 넣고 부리로 쪼아 알맹이를 조각내어 먹는다. 유럽동고비는 삼림지역에서 헤즐넛과 도토리를 찾아다니지만 또한 도시의 공원과 성목들이 있는 정원에서도 볼 수 있다.

세계 어느 곳에?
웨일즈와 영국, 위로는 스칸디나비아의 남부, 아래로는 이베리아 반도를 거쳐 모로코까지, 동쪽으로는 터키와 카프카스 산맥까지, 유럽 대부분의 지역에 살고 있다.

얼마나 클까?

꼬리 깃털
꼬리 깃털은 짧고 접힌 날개 너머까지 겨우 뻗친다.

다리
다리는 튼튼해서 동고비가 뒤로 조금씩 움직이는 게 아니라 머리를 아래로 해서 나무둥지로 내려갈 수 있을 정도이다.

부리
좁고 뾰족한 부리는 나무껍질에서 무척추동물들을 잡아당겨 꺼내기에 좋다.

뺨의 줄무늬
줄무늬가 윗부리의 맨 아래 부분에서부터 눈을 통과해 아래로 목 양쪽 측면으로 이어진다.

둥지 틀기
동고비는 나무 구멍 속에다 둥지를 트는데 때때로 둥지가 너무 넓으면 입구를 진흙으로 바른다.

새끼 먹이기
동고비가 먹여야 할 수많은 배고픈 입들이 있다. 모두들 곤충을 먹고 싶어 한다.

유럽울새
European Robin

생태 정보
무게: 16~22g
길이: 14cm
성 성숙: 부화 후 그 해에 알을 낳는다.
알 수: 3~9개, 하얀색부터 담청색조까지, 불그스름한 반점이 있다.
부화 기간: 12~15일, 새끼는 15일이면 깃털이 다 나고 어른 암수 쌍은 매년 2~3회 번식한다.
먹이: 무척추동물, 특히 지렁이를 먹고 특별히 겨울에는 씨앗을 먹는다.
수명: 최대 8.5년, 보통은 그 이하.

개똥지빠귀과의 구성원인 이 울새는 겨울 동안에도 맑게 노래하기 때문에 종종 크리스마스카드에도 등장한다.

울새는 정원사의 동반자라는 평판을 가지고 있으며 용감하고 조심스러운 면이 있다. 예리한 시력으로 움직이는 무척추동물들의 움직임을 감지해 내고 벌레가 땅을 파헤치고 있으면 망설임 없이 쏜살같이 달려들어 집어 올린다. 삼림지역과 공원에서 서식하기도 하지만 발견하기는 어렵다.
스칸디나비아 울새들은 철새처럼 겨울에 남쪽으로 이동하기도 한다.

세계 어느 곳에?
스칸디나비아의 남부, 이란과 카프카스 산맥, 지중해를 거쳐 북아프리카의 서부와 아조레스 제도까지, 유럽 거의 대부분 지역에 나타난다.

얼마나 클까?

붉은 가슴
암수 모두에게서 나타나 암수 한 쌍이 구분 없이 똑같아 보인다.

부리
가늘지만 긴 부리는 씨앗을 주워 먹고 나뭇잎을 뒤집고 무척추동물들을 잡는데 이상적이다.

움직임
땅에서 걷기보다 깡충깡충 뛴다.

아래로 낮게
울새들은 대부분의 시간을 땅 근처에서 보내며 종종 덤불 속에 숨는다.

착륙하기
울새는 날개를 제동장치로 사용하여 하강의 속도를 늦춘다. 거의 수직의 자세를 취하고 다리를 앞으로 뻗는다.

울새는 작은 물고기를 잡기 위해 얕은 물속에 들어간다는 점이 특이하다.

나이팅게일
Nightingale

생태 정보
무게: 17~23g
길이: 16cm
성 성숙: 부화 후 그 해에 알을 낳는다.
알 수: 4~5개, 하얀색부터 담청색조까지, 붉은색 반점이 있다.
부화 기간: 13~15일, 새끼는 13일이면 깃털이 다 나고 어른 암수 쌍은 매년 1~2회 번식한다.
먹이: 땅 근처나 땅에서 잡은 다양한 종류의 곤충
수명: 최대 11년

아름다운 노래로 명성 있는 나이팅게일이 매년 유럽으로 돌아오는 것은 전통적으로 여름이 오는 징후로 여겨진다.

나이팅게일의 노래는 수세기에 걸쳐 많은 시인과 작가들에게 영감을 주었다. 수컷 새들은 종종 조용한 밤이면 점점 크게 노래부르며 짝을 찾기를 바란다. 천성적으로는 삼림지역에 자주 나타나지만 연구에 의하면 오늘날 개똥지빠귀과 새들이 도시 환경에서 더 크게 지저귄다고 한다.

나이팅게일은 북쪽 지역에 4월에 도착하고 9월이면 다시 남쪽으로 이동한다.

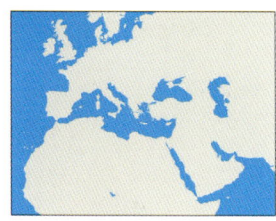

세계 어느 곳에?
영국 남부에서 동쪽으로 아시아까지, 남쪽으로 지중해와 중동을 거쳐 아프리카 북서부까지 발생하고 아프리카 대륙의 먼 남부지역에서 겨울을 난다.

얼마나 클까?

눈
눈은 상대적으로 크고 까맣다.

노래
노래를 하는 것은 수컷 나이팅게일이다.

불그스름한 홍조
이 홍조는 엉덩이와 꼬리 깃털 모두에서 뚜렷하며, 왜 이 종이 적갈색 나이팅게일이라고도 불리는지를 설명해 준다.

천연색
암수 모두 색이 칙칙하며 머리와 날개는 갈색이고 아랫부분은 담황색이다.

날 준비가 되어 있는 새끼
나이팅게일은 이들의 겨울 서식지까지 2500~5500km를 날아야 하므로 급격한 성장이 필수적이다.

구애
수컷 나이팅게일은 암컷에게 구애할 때 꼬리 깃털을 수직으로 세워 고개를 숙이고 날개를 아래로 늘어뜨린다.

나이팅게일의 노래는 잘 알려져 있다.

가마우지
Cormorant

생태 정보
무게: 2.3kg
길이: 75~85cm
성 성숙: 3년
알 수: 3~4개, 색깔이 백묵같이 희다.
부화 기간: 28~31일, 새끼는 52일이면 깃털이 다 나고 어른 암수 쌍은 매년 1회 번식한다.
먹이: 주로 물고기를 먹지만 작은 두족류들도 먹는다.
수명: 야생에서 11년, 최대 23.5년이 기록되었다.

가마우지는 바다새로 여겨지지만 종종 내륙의 호수에도 나타난다. 낚시꾼들에게는 골칫거리지만 환경에 잘 적응해 알을 낳는다.

천성적으로 적응이 빠른 가마우지는 항구 근처 제방에 앉아 있는 것을 볼 수 있다. 수영을 잘하고 한번에 최대 30초 동안 잠수할 수 있다. 가마우지는 특히 뛰어난 시력을 가지고 있으며 대부분의 새들과 달리 눈을 움직여 초점을 맞출 수 있다. 물고기를 수면으로 끌고 와 죽을 때까지 때린 후 머리부터 삼켜 식사를 하고 나면 양 날개를 편 채 햇볕에 깃털을 말리면서 휴식을 취한다.

세계 어느 곳에?
유럽의 해안지대 주변, 지중해를 거쳐 서아프리카까지, 남아프리카 일부 지역, 아시아 남부, 오스트레일리아, 뉴질랜드, 북아메리카에도 살고 있다.

얼마나 클까?

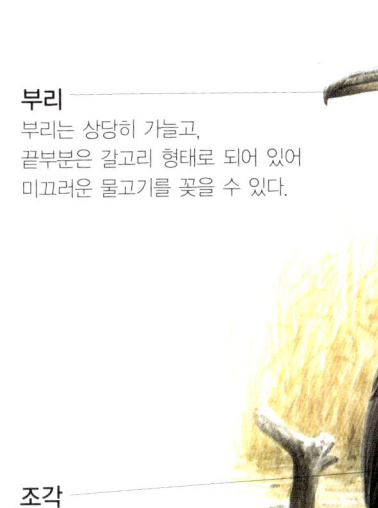

부리
부리는 상당히 가늘고,
끝부분은 갈고리 형태로 되어 있어
미끄러운 물고기를 꽂을 수 있다.

천연색
검정과 흰색은
가마우지를 포함한
많은 바닷새의
전형적인 색깔이다.

조각
각 다리의 윗부분에 있는
이 하얀 깃털 부위는
번식 상태일 때만 뚜렷하다.

발
발은 튼튼하고
발가락 사이의 물갈퀴는
헤엄을 잘 치도록 돕는다.

육지에서 그리고 공중에서
임신한 가마우지는 사나워지며
둥지를 튼 장소에서
가망 포식자들을 몰아낸다.

잠수
가마우지의 목은 길고
늘어날 수 있어서
물속에서 물고기를
더 쉽게 잡을 수 있다.
깃털은 방수가 된다.

비행할 때 펼친 날개는 아주 널찍하다.

큰홍학
Greater Flamingo

생태 정보
무게: 4kg
길이: 91~127cm,
날개 길이 152cm
성 성숙: 3~5년
알의 개수: 1~2개
매년 2번씩 낳는다.
부화 기간: 27~30일
새끼는 70~75일 정도가
되면 털이 난다. 2세가
되어야 어른 홍학과 같은
털을 가진다.
먹이: 새우와 연체동물을
포함한 무척추동물을
물에서 걸러 먹는다.
수명: 20년까지

홍학의 분홍빛이 도는 빨간색은 작은 갑각류를 먹어 카로테노이드 색소가 그들의 깃털에 흡수되기 때문이다.

홍학들은 수천 마리로 이루어진 군집생활을 한다. 대부분의 시간은 얕은 물속을 걸어 다니거나 먹는 데 사용된다. 곧은 부리와 회색 깃털의 새끼들이 주변을 걸어 다니기 시작하면 탁아소처럼 새끼들을 모아 놓은 곳으로 이동시켜 어른 새의 보호를 받게 한다. 홍학은 예민한 동물이어서 환경이 바뀌거나 방해물이 생기면 잘 적응하지 못하기 때문에 미국본토에서 이들을 더 이상 흔하게 볼 수 없어졌다.

세계 어느 곳에?
캐롤라이나부터 텍사스에 이르는 미국의 해안, 바하마와 카리브 해 지역부터 멕시코와 북부 남아메리카까지 서식하며 갈라파고스 섬에도 나타난다.

얼마나 클까?

콧구멍
콧구멍은 길쭉하며
갈라진 틈같이 생겼다.
대부분의 새와 마찬가지로
후각 기능이 전혀 없다.

부리
형태가 두툼하며 끝부분이
아래로 굽은 부리는
홍학의 독특한 먹이 섭취
습성을 반영한다.

목
길고 유연한 목은
홍학이 먹이를 찾기 위해
샅샅이 훑을 수 있도록 해 준다.
날 때는 늘어난 상태로 있다.

다리
다리는 길고 곧아서
큰홍학이 쉽게 물을 헤치며
걸을 수 있다.

둥지 틀기
홍학 암컷은 물에 잠기지 않도록
대략 높이가 25cm인 진흙으로 된
독특한 돔 형태의 둥지를 만든다.

짝짓기
홍학은 군집으로 살지만,
암수 쌍의 강한 유대가 있다.
정교한 구애 춤이 짝짓기 전에 이루어진다.

다 자란 홍학은 부리에 박막층이라는 여과판이 있어 물에서 음식 조각들을 축출한다.

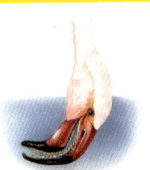   

황제펭귄
Emperor Penguin

생태 정보
무게: 30~40kg
키: 최대 1.2m
성 성숙: 암컷은 5년, 수컷은 5~6년
알 수: 1개
부화 기간: 63일, 영하의 대기에 노출되는 것은 치명적일 수 있다. 새끼들은 탁아소를 형성하고 약 3개월이 되면 바다로 향한다. 이때는 봄이 되어 총빙이 부숴지는 때이다.
먹이: 물고기, 갑각류와 오징어
수명: 15~20년

황제펭귄은 오늘날 펭귄과에서 가장 큰 동물이다. 과거에는 사람보다 더 큰 거대펭귄이 있었다고 한다.

황제펭귄은 시속 180km로 불어오는 바람과 영하 62도의 낮은 기온에 맞선다. 놀랍게도 이들은 생존할 뿐만 아니라 기후 조건이 최악인 겨울 동안에 번식도 한다.
암컷은 단 한 개의 알을 낳는데 알은 자신의 짝에게 맡긴다. 수컷은 단열 역할을 하는 새끼 주머니에 알을 둥글게 말아가지고 다니며 보호하면서 짝들이 돌아올 때까지 9주 동안 먹지도 않고 함께 옹송그리며 지낸다.

세계 어느 곳에?
남극 지대 안에서 서식한다. 웨델 해와 로스 해 인근, 드로닝 모드 랜드, 앤더비랜드, 프린세스 엘리자베스 랜드에 나타난다.

얼마나 클까?

외모
머리의 양 옆의 노란색 부분은
가슴 쪽으로 오면서 점점 옅어진다.

깃털
깃털은 빽빽하여 몸 표면의
6.45 평방 센티미터 당
최대 70개의 깃털이 있으며
체열을 가두는 역할을 한다.

날개
날개는 지느러미발로
축소되었다(펭귄은
날지 못하는 새이다).

새끼 펭귄
검정색과 흰색의
머리 무늬, 빽빽한
회색 솜털을
가지고 있다.

공동 육아
펭귄 암컷이 알을 낳으면 수컷이 알을 돌본다.
알을 낳고 품는 몇 개월 동안, 암컷과 수컷이 제역할을
다하느라 몸무게가 1/3로 줄어들기도 한다.

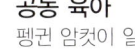

깊이 잠수하기
황제펭귄은 어떤 다른 조류보다
더 깊이 잠수한다(깊이 565m까지).
이들은 거의 20분 동안
물속에서 머물 수 있다.

올빼미
Tawny Owl

생태 정보
무게: 420~590g,
암컷이 더 크다.
길이: 38cm,
날개폭 95~105cm
성 성숙: 1년
알의 수: 2~4개,
흰색이고 둥글다.
부화 기간 : 약 30일,
깃털은 35~39일에 다 난다.
먹이: 흔히 작은 포유류를
먹지만, 작은 조류, 개구리
및 무척추동물들 또한
먹이로 삼는다.
수명: 야생에서 보통 5년,
21년 이상 산 것도 있다.

이들은 가장 흔하고 널리 분포된 유럽 올빼미로, 종종 휴식하거나 번식을 위한 나무들이 있는 도심의 공원에서 발견된다.

올빼미의 울음소리는 이 과의 새들이 그러하듯 전형적인 '투윗 투우' 소리로 운다. 한 쌍 중 암컷이 '투윗' 하고 소리를 내면, 마치 듀엣처럼 수컷이 '투우' 하고 응답하는 것이다. 이렇게 울음소리를 주고받는 한 쌍의 유대는 평생 지속된다.

올빼미는 주로 나무 구멍에 둥지를 짓기 때문에, 먹이의 잔해물이나 배설물 등이 나무 아래 흩어져 있는 것이 종종 발견된다.

세계 어느 곳에?
이 올빼미들은 스칸디나비아에서 남쪽으로 영국제도 서쪽과 아래로 북아프리카까지 나타난다. 이들의 영역은 아시아 서부까지 확장되고 있다.

얼마나 클까?

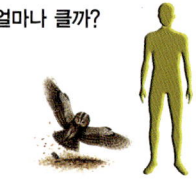

천연색
황갈색 색조는
깃털에서 가장 뚜렷하게
드러난다.

눈
크고 중앙으로 위치한 눈은
먹잇감의 위치를 정확하게
찾아낼 수 있다.

부리
부리는 상당히 짧고 좁지만,
끝부분은 강하다. 윗부분에
콧구멍이 또렷이 보인다.

발
발은 강하고
먹이를 붙잡기 위한
날카로운 발톱을
가지고 있다.

자려고 노력하기
올빼미는 야행성이라서
낮 시간에 휴식을 취하는데
이때 다른 새들에 의해 공격받기도 한다.

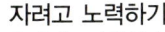

공격적인 사냥
사냥감을 발견하면
조용히 급강하해서 덮친다.

북도키위
North Island Kiwi

생태 정보
무게: 2.2~2.8kg,
암컷이 더 크다.
길이: 최대 40cm
성 성숙: 2~4년
알의 수: 2개, 3~4주
떨어져서 낳는다. 무게는
암컷 몸무게의 최대 15%.
부화 기간 : 75~90일,
깃털은 4~6주 사이에
다 난다.
먹이: 무척추동물과 씨앗,
물속의 장어, 작은 가재와
양서류를 잡아 먹는다.
수명: 20년.
사육 시 최대 40년

날 수 없는 이 새의 이름은 마오리 언어로 이들의 울음소리를 묘사한 것이다. 키위는 오직 뉴질랜드에서만 발견된다.

이 특별한 키위는 오늘날 가장 흔한 종이며 추정된 개체 수는 약 35,000마리이다. 북도키위는 자신들의 숲 서식지가 개간되었음에도 생존하는 적응력을 보여주었으며 때때로 농지에서도 볼 수가 있다. 천성적으로 야행성인 이 키위들은 대부분의 다른 새들과는 달리 냄새에 의존해 먹이를 사냥한다. 땅에서 벌레 냄새를 맡으면 발을 이용해 벌레를 파낼 수가 있다.

세계 어느 곳에?
북도의 극북, 중북부, 중북동부와 중서부 지역들에서 발견되며 남부에는 없다.

얼마나 클까?

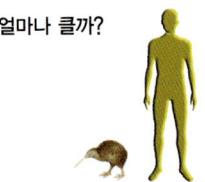

깃털
갈색 깃털은 겉보기에 거칠고 텁수룩해 보이며 곤두선 머리카락과 비슷하다.

콧구멍
다른 새들과 달리, 긴 부리의 끝부분에 콧구멍이 있다.

다리
다리는 다부져서 쉽게 걸을 수 있다. 이들은 날개가 없다.

발가락
발가락 중 세 개는 앞쪽으로 향해 있고, 넓은 각도로 벌어져 있다.

둥지
키위는 알을 품는 굴을 가지고 있는데, 암수 한 쌍이 3일 정도마다 여기서 만난다. 이들은 평생 짝을 짓는다.

알 크기
암컷 키위는 자신의 크기에 비하여 다른 어떤 새보다 가장 큰 알을 낳는다. 알은 수컷이 품는다.

북도키위의 상아 부리의 클로즈업
부리 끝 부분이 아래로 구부러져 있으며 그 부분에 콧구멍이 있다.

목도리도요
Ruff

생태 정보
무게: 150~170g
길이: 수컷 29~32cm,
암컷 22~26cm
성 성숙: 3년
알 수: 3~4개, 연한 갈색에 어두운 반점이 있다.
부화 기간: 28~30일.
새끼는 약 26일 전후로 깃털이 다 난다.
먹이: 다양한 무척추동물을 먹으며, 겨울에는 씨앗을 먹는 것으로 알려져 있다.
수명: 최장 14년

섭금류인 목도리도요는 백만 마리까지 모여 거대한 무리를 이루어 겨울을 보내며 복잡한 짝짓기 의식을 치른다.

수컷 목도리도요가 번식기에 갖는 깃털 색깔은 개성이 뚜렷하다. '거주하는 수컷'으로 불리는 밤색이나 검정색 목도리도요는 자신들만의 렉(번식기에 수컷이 모여 암컷에게 구애하는 장소)을 차지한다. '위성 수컷'으로 불리는 작은 그룹의 흰색 목도리도요는 자신만의 고유 구애 영역은 없지만 '거주하는 수컷'에게 끌린 암컷들과 짝짓기를 하려고 노력한다. 이때 일부 수컷은 다른 번식 전략으로 암컷의 흉내를 내기 때문에 '암컷 흉내쟁이'라고 한다.

세계 어느 곳에?
유럽과 아시아의 극북 지역에서 알을 낳으며, 유럽 남부와 아프리카에서 겨울을 보낸다. 북아메리카에서 발견되기도 한다.

얼마나 클까?

과시용 깃털
수컷 목도리도요의 번식기 깃털은 개성이 뚜렷하다. (이 그림의 경우 긴 깃털로 된 검은 목둘레깃털과 머리 다발을 가지고 있다.)

부리
부리는 직선으로 뻗어 있고 끝으로 갈수록 가늘어진다.

흰색 부위 날개
깃털을 가로지르는 흰색 무늬는 비행 시 타원형 모양으로 나타난다.

다리
노란색 다리는 많은 섭금류와 마찬가지로 긴 편이다.

번식기 깃털
목도리도요는 조류 중에서 가장 다양한 번식기 깃털을 가지고 있다.

목도리도요의 이름
수컷 목둘레의 긴 깃털은 구애 과정 중에 강한 인상을 주는데, 이것이 목도리도요라는 이름을 갖게 된 이유이다.

깃털은 비행할 때에 윤이 나도록 유지하는데, 이는 공기 저항을 최소화하기 위해서이다.

북방긴수염고래
Northern Right Whale

생태 정보
무게: 최대 63.5톤.
암컷은 더 무겁다.
길이: 14~17m
성 성숙: 6~10년
임신 기간: 약 365일.
암컷은 매 3~5년마다
새끼를 낳는다.
새끼 수: 1마리.
8~12개월에 젖을 뗀다.
먹이: 고래수염을 사용하여
크릴새우와 요각류를
포함한 동물성 플랑크톤을
바닷물에서 걸러낸다.
수명: 50~100년

북방긴수염고래는 현재 북대서양에서 멸종 위기에 놓여 있다. 과거 고래잡이 배의 주된 공격 대상이었다.

1935년 이후 포경 선단으로부터 보호되고 있음에도 불구하고, 북방긴수염고래의 수는 계속해서 줄어들고 있다. 현재 300마리도 채 남아있지 않을 것이며, 새끼의 수 역시 줄어들고 있음이 보고되었다. 근본적인 이유는 플랑크톤만을 먹는 북방긴수염고래의 식성 때문이다. 이 미세한 바다 생물체가 고래 서식지에 나타나는 수가 줄어든다는 것은 곧 북방긴수염고래에게 먹이가 부족하다는 것과 같다.

세계 어느 곳에?
북대서양에 제한되어 있는데, 북아메리카의 동부 해안 지방에서 멀리 떨어진 곳, 이베리아 반도에서 스칸디나비아까지의 유럽 해양에 있다.

얼마나 클까?

새끼의 길이
갓 태어난 새끼는 길이가 최대 6m까지 되며, 1년 내에 2배로 커진다.

새끼의 무게
북방긴수염고래의 새끼는 태어날 때 이미 무게가 900kg이다.

입
길고 아치 모양으로, 눈 위쪽까지 구부러져 있다.

경결
희색으로 부풀어오른 부분은 북방긴수염고래의 특징으로, 보통 머리 위에 두드러진다.
(이 고래의 경결이란, 조직이나 한 부분의 결합조직이 증식하여 단단해진 것을 말한다.)

북방긴수염고래의 분수공
물을 쏠 때 특이하게도 V자 모양으로 쏘는 것은 분수공이 2개이기 때문이다.

개체 인식하기
수면 밖으로 나오는 것을 브리칭(breaching)이라 부르는데, 브리칭을 할 때 경결을 보고 각 개체를 구분할 수 있다.

수컷의 고환은 생물체 중에서 가장 큰데, 그 무게가 최대 500kg까지 나간다. 짝짓기는 겨울에 이뤄진다.

대왕고래
Blue Whale

생태 정보
무게: 최대 133.3톤.
암컷은 훨씬 더 무겁다.
길이: 최소 30m.
성 성숙: 6~10년
임신 기간: 약 365일.
암컷은 매 3~5년마다
새끼를 낳는다.
새끼 수: 1마리.
8~12개월에 젖을 뗀다.
먹이: 고래수염을 사용하여
동물성 플랑크톤을
걸러낸다. 먹이 중에
크릴새우가 가장 큰 부분을
차지한다.
수명: 최장 110년

대왕고래는 오늘날 지구상에서 가장 큰 동물일 뿐만 아니라, 그동안 살았던 생명체 중에 가장 큰 생명체일 것이다.

고래목 동물은 식욕이 엄청나다. 한 마리가 하루에 크릴새우 3.6톤을 먹을 수 있다. 새우 모양의 작은 생물체 4천만 마리에 해당하는 엄청난 양이다. 대왕고래는 두세 마리씩 작은 무리를 지어 살며, 약 19kph 속도로 수영을 하고, 최고 48kph 속도로 이동할 수 있다. 고래잡이로 대왕고래가 멸종 직전까지 이르렀다가 1966년 이후 보호되고 있지만, 대왕고래는 여전히 개체수가 많지 않다.

세계 어느 곳에?
전 세계 바다에 넓게 퍼져 있지만, 북대서양과 북태평양, 남극 주변에 주로 살고 있다.

얼마나 클까?

천연색
윗부분은 회색 빛이 도는 파란색으로, 연한 색 점이 있다.

꼬리
평평하고 넓으면서 두껍다. 대왕고래가 수영할 때 위아래로 움직인다.

아랫면
아랫면은 노란색을 띠는데, 해조류가 아랫면 피부에서 자라고 있기 때문이다.

입
입은 크고 아치 모양이다. 고래수염은 위턱에 있다.

고래수염
고래수염은 체로 거르는 역할을 하는데, 크릴새우는 입 안에 남기고 물은 내보내면서 턱을 닫는다.

혹등고래
Humpback Whale

생태 정보
무게: 19.9~32.6톤.
암컷은 훨씬 더 무겁다.
길이: 12~15m
성 성숙: 6~10년
임신 기간: 약 365일.
암컷은 매 2~3년마다
새끼를 낳는다.
새끼 수: 1마리, 12개월에
젖을 뗀다.
먹이: 고래수염을 사용하여
크릴새우를 먹으며,
크릴새우는 먹이 중 가장
큰 부분을 차지한다.
작은 물고기도 먹는다.
수명: 최장 100년

바다에서 혹등고래가 잘 띄는 이유는 종종 해안 가까이 헤엄쳐 오거나 수면에서 수영하다가 파도 너머로 점프하기 때문이다.

수컷 혹등고래는 놀랍게도 노래를 하는데, 이 노래는 몇 시간이고 반복되며 각 음절이 최장 20분씩 이어진다. 아마도 바다에 흩어져 있는 혹등고래들이 서로 연락을 취하기 위함일 것이다. 노래 양식은 독특하고 시간이 흐르면서 바뀐다.

혹등고래는 수면 위로 자주 점프를 하는데, 이를 브리칭(breaching)이라 부른다. 브리칭은 노래와 함께 구애 의식 중 하나일 수 있다.

세계 어느 곳에?
전 세계에 나타난다. 먹이를 위해서는 온화한 극지방으로, 짝짓기와 새끼를 낳기 위해서는 열대로 이동한다. 아라비안 해에 상주하기도 한다.

얼마나 클까?

털이 많은 혹
머리 위 부풀어 오른 부분에 털이 많다.

지느러미
지느러미는 매우 길고, 몸길이의 1/3에 상응한다.

등지느러미
등지느러미는 긴수염고래과 고래에 나타나는 특징이다.

고래 꼬리
꼬리 무늬는 독특해서 각 고래를 구분해준다.

눈
턱 아래에 있는데, 작고 눈에 띄지 않는다.

짝짓기 포옹

주름이 사라짐
혹등고래가 입으로 물을 빨아들여 먹이를 먹을 때, 목 피부의 주름은 사라진다.

135

머리코돌고래
Commerson's Dolphin

생태 정보
무게: 35~60kg
길이: 130~170cm
성 성숙: 6~9년
임신 기간: 약 334일.
새끼는 큰 편으로,
태어날 때부터 어미의
절반 정도 크기이다.
새끼 수: 1마리.
1년쯤에 젖을 뗀다.
먹이: 다양한 종류의
물고기와 오징어,
갑각류를 먹는다.
수명: 최장 18년을 살며,
사육될 때 26년 이상을
살 수 있다.

머리코돌고래는 고래목 중에서 가장 작다. 인도양에 살고 있는 독립된 개체의 머리코돌고래는 오직 1950년대에만 발견되었다.

머리코돌고래는 해안 가까이에 나타나는데 해안 입구까지 들어오기도 하고 항해하는 배와 나란히 헤엄치거나 수면 위로 뛰어올라오는 모습이 종종 눈에 띄기도 한다. 프랑스의 동식물 연구가인 필리베르 커머슨 박사가 1766년 마젤란 해협에서 발견하여 이 박사의 이름을 따서 이름지어졌다. 오늘날 약 3400마리의 머리코돌고래가 이 지역에 있으며, 유전적으로 구별되는 케르겔렌 종은 8000km 떨어진 곳에 있다.

세계 어느 곳에?
두 지역에 나뉘어져 있다. 대개는 남아메리카 남부와 포클랜드 제도에서 떨어진 곳에 있다. 인도양 남부의 케르겔렌 제도 근처에서도 나타난다.

얼마나 클까?

등지느러미
등지느러미는 길고
등 표면을 따라 곧게 나 있다.
끝은 구부러져 있다.

꼬리
지느러미의 바깥
가장자리 가운데
V자 표시가 있다.

무늬
검정색과 흰색의 경계가
분명하고, 목과 몸 부분만
흰색을 띤다.

얼굴
얼굴은 유선형이면서
둥근 모양이며,
턱은 넓다.

암수 감별
암컷은 배 아랫부분에 화살 머리 모양의
검정색 무늬가 있는 반면, 수컷은
눈물방울 모양의 무늬가 있다.

색깔 변화
새끼는 회색, 검정색과 갈색으로
태어나 검정색과 회색이 되었다가
회색 부분은 마침내 흰색이 된다.

137

참돌고래
Common Dolphin

생태 정보
무게: 70~110kg
길이: 180~240cm
성 성숙: 4~5년.
수컷이 암컷보다 약간 더
일찍 성숙해진다.
임신 기간: 약 310일.
새끼 수: 1마리.
젖떼기는 1년쯤 걸린다.
먹이: 정어리와 같이 작은
무리를 지어 다니는
물고기를 다양하게 먹으며,
오징어도 먹는다.
수명: 최장 20년을 살며,
사육될 때 34년 이상을
살 수 있다.

참돌고래의 분류에 대해 논쟁이 되어 왔으나, 부리가 긴 종류는 새로운 종인 긴부리참돌고래(Delphinus capensis)로 분류된다.

참돌고래는 몇 마리가 모이는 것부터 최대 만 마리까지 모이기도 한다. 이는 시기와 먹이의 양에 따라 달라진다. 참돌고래를 위협하는 것 가운데 고기잡이 그물이 있지만 서서히 다가오는 위협은 바로 화학 오염이다. 화학 오염은 신장과 다른 장기에 축적되어 생명에 영향을 미친다. 이 문제는 특히 지중해에서 심각하다. 아조프 해의 얕은 바다에서는 이미 참돌고래가 사라졌다.

세계 어느 곳에?
대서양과 태평양, 지중해와 흑해에 나타나는데, 온대 지역과 열대 지역 내에 다양한 서식지가 있다.

얼마나 클까?

얼굴 특징
긴 부리는 먹이를 잡는 데 도움을 준다.

등지느러미
등지느러미는 길고 똑바로 서 있다. 등 표면에서 끝까지 구부러져 있다.

옆구리
뒤쪽으로 갈수록 회색을 띠며, 앞쪽은 연한 노란색 또는 담황색이다. 아래쪽은 흰색이다.

천연색
몸 전체에 4가지 색깔이 두드러지게 나타나는데, 뒤쪽에는 주로 검정색이다.

수중 음파 탐지기
돌고래는 주변 환경으로부터 정보를 알아내기 위해 반복적으로 딸각거리는 소리를 낸다. 이 소리는 음파 탐지기와 같이 다시 돌고래에게 돌아온다. 이를 반향 위치 측정이라고 한다.

새끼 낳기
암컷은 새끼의 꼬리부터 낳는데, 이는 미숙하게 호흡하지 않도록 하기 위함이다. 그리고 나서 어미는 새끼가 수면에서 숨을 쉬도록 도와준다.

부리는 날카로운 이빨로 채워져 있다.

참거두고래
Long-Finned Pilot Whale

생태 정보
무게: 1.2~2.4톤.
수컷은 훨씬 더 무겁다.
길이: 4.88~6.10m
성 성숙: 암컷은 6~7년,
수컷은 약 12년
임신 기간: 약 310일.
새끼 수: 1마리. 일반적으로
2살 때 젖을 뗀다.
먹이: 오징어를 주로
먹으며, 문어와 갑오징어,
청어도 먹는다.
수명: 50년 이상

참거두고래는 이름에도 불구하고 돌고래과에 속해 있다. 천성적으로 사회적인 동물이어서 작은 떼(pod)라 불리는 무리를 이루고 산다.

참거두고래의 무리는 최대 90마리가 모여서 이룬다. 무리에서 수컷은 일정 시기 동안 머물렀다가 이동하는데, 암컷과 짝짓기를 하기 위해 수컷끼리 싸움을 한다. 수컷들은 서로 들이받고 물기도 하여 영구적인 상처를 남긴다. 지느러미가 긴 종은 짧은 종에 비해 온도가 낮은 바다에서 발견되지만 서식지의 북쪽과 남쪽에 모두 두 종의 분포가 겹치는 지역이 있다.

세계 어느 곳에?
남쪽 해양을 관통하는 극지 부근 지역에 나타난다. 남아메리카 남부, 남아프리카, 오스트레일리아에서 남극까지, 북대서양과 지중해에도 살고 있다.

얼마나 클까?

등지느러미
상당히 구부러져 있으며, 맨 아래 부분은 길다.

지느러미발
이 종의 지느러미발은 매우 길어서 지느러미가 짧은 종과 구별이 된다.

천연색
어두운 회색에서 검정색까지 다양하며, 아랫부분은 연한 회색이다.

머리
머리는 둥글고, 수컷의 경우 위턱이 아래턱보다 튀어나와 있다.

부드러운 먹이
참거두고래는 오징어를 먹고 사는데, 턱에 약 40개의 이빨이 나 있다. 반면, 물고기를 먹는 돌고래들은 100개가 넘는 이빨을 가지고 있다.

집단 좌초
참거두고래는 때때로 해변가로 오는데, 이는 병이 생겼거나 선박에서 나오는 수중 음파 탐지기로 인해 항해 능력이 방해를 받았기 때문일 수 있다.

머리 모양의 구분
참거두고래(오른쪽)와 참돌고래(왼쪽)

범고래
Killer Whale

생태 정보
무게: 3.6~8.2톤.
수컷은 훨씬 더 무겁다.
길이: 7.0~9.8m
성 성숙: 10~18년.
암컷이 더 일찍 성숙해진다.
임신 기간: 400~520일
새끼 수: 1마리.
13~17개월 후에 젖을 뗀다.
먹이: 바다사자, 펭귄,
상어와 포르포이스와 같은
커다란 척추동물을 먹는다.
오징어도 사냥한다.
수명: 80년 이상

오카(Orca)라고도 알려져 있는 범고래는 무리지어 사냥하는 것으로 잘 알려져 있는데 인간을 공격하지는 않는다고 한다.

참돌고래과의 다른 돌고래와 마찬가지로, 범고래는 반드시 규칙적으로 수면으로 올라와 호흡을 해야 한다. 한 번 잠수하면 15분 동안 바닷속을 돌아다니는데, 하루에 161km까지 이동할 수 있다. 암컷 우두머리가 무리를 이끌며, 물고기가 많은 지역일 때는 한자리에 머물러 있기도 한다. 무리 구성원들은 반향 위치 측정을 이용하여 서로 연락을 취한다. 이때 고음을 내는데, 대개 인간의 귀에는 들리지 않는다.

세계 어느 곳에?
전 세계 바다에 널리 퍼져 있으며, 종종 해안 가까운 곳에 나타난다. 가장 흔하게 볼 수 있는 곳은 열대 지역의 바다보다는 온화한 지역이나 극지방이다.

얼마나 클까?

등지느러미
길이가 1.8m까지 된다.
수컷의 등지느러미는
더 삼각형에 가깝고,
암컷과 새끼의 그것은
더 짧고 구부러져 있다.

무늬
무늬는 일관되지만 각 무리 구성원들이
알아볼 수 있을 만큼 충분히 다르게 생겼다.

지느러미
폭은 최대 0.91m,
길이는 최대 1.8m까지 되며
끝은 둥글다.

집단 사냥
범고래는 '바다의 늑대'라고
불리는데, 여러 마리가
무리지어 먹이를 둘러싸고
사냥을 하기 때문이다.

입은 둥글기보다는 곧다.

귀신고래
Grey Whale

생태 정보
무게: 3.6~8.2톤.
암컷은 약간 더 무겁다.
길이: 7~9.8m
성 성숙: 5~11년
임신 기간: 365~400일
새끼 수: 1마리.
7~8개월 후에 젖을 뗀다.
먹이: 여과 섭식자로,
작은 단각류와 기타
갑각류를 빨아들인다.
지렁이도 먹는데, 해저를
파서 먹이를 얻는다.
수명: 80년 이상

귀신고래는 지구에서 가장 먼 거리를 이동하는 생명체 중 하나이다. 귀신고래가 너무 커서 유일한 포식자는 범고래뿐이다.

귀신고래는 최대 22,530km까지 수영할 수 있는데, 그만큼 먼 거리를 헤엄치는 것은 고유의 번식지를 찾아가거나 번식지에서 돌아올 때이다.
작은 해양 생물을 먹고 사는데, 입으로 빨아들이면 삼키기 전까지 체 같은 고래수염 안에 갇히게 된다. 고래뼈라고 알려진 고래수염은 코르셋 같은 물건을 만들 때 꼭 필요했다. 1947년 귀신고래 보호를 시작한 이후 그 수가 눈에 띄게 회복되었다.

세계 어느 곳에?
북태평양 동부, 베링 해와 추크치 해에서 나타나며, 매년 10월에 2~3개월에 걸쳐 바하캘리포니아 주에 있는 번식용 석호로 이동한다.

얼마나 클까?

따개비
흰 부분은 피부에서
따개비가 자라는 것이다.

등 부기
등지느러미가 있을 법한 자리에
돌출된 이 혹은 지느러미가 아니다.

꼬리
꼬리는 지름이 최대 3.7m,
끝이 뾰족하다.

고래 이
기생 동물의 거대한 군집은
누르스름한 주황색으로 보인다.

우호적인가, 그렇지 않은가?
귀신고래는 배에 타고 있는 관람객들이
자신을 만지도록 허용하지만,
암컷은 철저하게 새끼를 보호한다.

귀신고래 아랫부분의 회색은
항상 분명한 것은 아니다.

아마존강돌고래
Amazon River Dolphin

생태 정보
무게: 85~160kg
수컷은 약간 더 무겁다.
길이: 1.8~2.7m
강돌고래 중 가장 크다.
성 성숙: 5~7년
임신 기간: 최장 365일
새끼 수: 1마리.
1년 안에 젖을 뗀다.
먹이: 물고기를 주로 먹는데, 커다란 메기와 피라냐를 사냥한다. 게와 거북도 먹는다.
수명: 30년까지 산다.

아마존강돌고래는 민물에 사는 종으로, 독특한 색깔 때문에 포르투칼 어로 '보투 버멜로(boutu vermelho, 붉은 돌고래)'로 불린다.

아마존강돌고래의 조상은 바다에서 아마존으로 이동해 와서, 인근 민물에 적응해 살게 되었다.
아마존강돌고래의 경추골은 붙어 있지 않아서 머리를 좌우 90도로 움직일 수 있다. 이를 이용해 먹이를 찾는데, 반향 위치 측정도 사용한다. 또 다른 특징은 부리에 감각털이 있어 흙탕물속에서도 먹이를 찾을 수 있다.
시력과 청각 또한 좋고, 천성적으로 민첩하다.

세계 어느 곳에?
남아메리카 북쪽과 중앙의 아마존 유역에 걸쳐 널리 흩어져 있으며, 강과 호수에 모두 나타난다. 오리노코 강에도 살고 있다.

얼마나 클까?

천연색
어린 아마존 강돌고래는 성숙해지면서 점점 분홍빛으로 바뀌어 간다.

융기한 부분
등지느러미가 아닌 혹이 등에 있는데, 이 부분이 수면을 가른다.

지느러미
지느러미는 매우 커서 아마존 강돌고래가 얕거나 물풀이 무성한 물속을 쉽게 지날 수 있도록 도와준다.

부리
부리는 길고 날카로운 이빨은 앞쪽에, 어금니는 뒤쪽에 있다.

울창한 숲
계절에 따라 숲의 일부는 침수되기도 하는데, 이때 아마존강돌고래는 먹이를 쫓아 일시적으로 활동 범위를 넓힌다.

악어는 아마존 강돌고래를 잡아 먹는다.

흰돌고래
Beluga

생태 정보
무게: 900~1500kg.
수컷은 더 무겁다.
길이: 3.5~5.5m
성 성숙: 암컷은 5년,
수컷은 8년
임신 기간: 약 465일
새끼 수: 1마리, 젖떼기는
2년 동안 지속된다.
먹이: 빙어류, 연어, 대구,
오징어, 문어, 북극민물송어,
해양 벌레도 먹는다.
수명: 50년 이상

흰돌고래는 북극의 총빙 사이에서 열린 구간을 찾는 데에 놀라운 능력을 가지고 있기 때문에, 이러한 환경 속에서도 수면으로 올라와 숨을 쉴 수 있다.

흰돌고래는 종종 얕은 연안에 나타나며 강어귀에서 발견되기도 하지만, 수심 1000m까지 잠수할 수 있다고 기록되어 있다. 때때로 몇 천 마리가 모여 큰 무리를 이루기도 하지만, 일반적으로는 열댓 마리 정도의 작은 무리를 짓거나 독립생활을 한다. 사는 위치에 따라 생활양식이 달라지며, 위성 추적으로 일부는 이동을 한다는 사실이 알려졌다. 다섯 개의 독특하고 독립된 그룹이 그들의 광범위한 분포범위 전역에서 구별된다.

세계 어느 곳에?
극북의 바다에서 나타나며, 북극 지역을 거쳐 극지 부근에 분포해 있다. 남쪽으로는 캐나다의 허드슨 만까지 퍼져 있다.

얼마나 클까?

목 구조
경추가 붙어 있지 않기 때문에 좌우로 머리를 돌릴 수 있다.

천연색
성인 흰돌고래는 7~9년 정도에 흰색으로 바뀐다. 암컷이 먼저 바뀐다.

등
등에 등지느러미는 없다. 흰돌고래의 속명은 델피냅테루스(Delphinapterus)로, '지느러미 없는 돌고래' 이다.

새끼
새끼 흰돌고래는 태어났을 때는 회색빛을 띠는 크림색이지만, 곧 푸른빛을 띠는 회색이 된다.

사냥
북극곰은 흰돌고래에게, 특히 새끼 흰돌고래들에게 가장 큰 위협인데, 숨 쉬기 위해 수면으로 올라왔을 때 잡힌다.

머리에 있는 '멜론' 모양에서 음파가 나온다.

일각돌고래
Narwhal

생태 정보
무게: 907~1587kg.
수컷은 훨씬 더 무겁다.
길이: 4~4.6m
성 성숙: 암컷은 4~7년,
수컷은 8~9년
임신 기간: 약 465일.
새끼는 태어났을 때
갈색을 띤다.
새끼 수: 1마리.
젖떼기는 2년 걸린다.
먹이: 북극 대구와 오징어,
문어, 갑각류를 먹는다.
수명: 최장 50년

수컷 일각돌고래의 뿔은 중세 유럽 신화에 등장한 유니콘의 뿔을 닮았다. 때때로 뿔을 검처럼 사용해서 싸움을 한다.

일각돌고래의 특이한 뿔은 267㎝에 달하며 사실상 길쭉한 이빨이 두개골과 가죽을 뚫고 나온 것이다. 이 뿔의 정확한 기능이 분명하진 않지만, 아마도 짝짓기 의식을 할 때 특별한 의미를 가질 것이다. 일각돌고래는 작은 무리를 지어 사는데, 가끔씩 몇 천 마리가 모이기도 한다. 일각돌고래의 이름 'Nar' (고대 노르드 어의 '시체'라는 뜻)은 종종 뒤집어서 수영을 하는 모습에서 '송장 고래'라고 붙여진 것이다.

세계 어느 곳에?
극북과 캐나다 동부, 그린란드의 거의 모든 해안에서 발견되며, 유럽과 아시아 북쪽의 극지방까지 퍼져 있다.

얼마나 클까?

겉모습
몸 위쪽으로는 진한 반점이 있지만, 옆구리와 배 아랫부분으로 갈수록 옅어진다. 나이를 먹은 수컷은 주로 흰색으로 바뀐다.

융기한 부분
등지느러미는 없지만, 융기한 부분이 등의 중간 부분까지 이어져 있다.

엄니
촘촘한 나선형 모양으로, 암컷도 종종 눈에 띄는 엄니를 가지고 있으나 수컷의 엄니가 더 길다.

지느러미발
지느러미발은 짧고 넓다.

위험이 도사리는 생활

일각돌고래는 범고래의 공격을 받을 수 있다. 또, 가끔 얼음 아래 갇혀 익사하기도 한다.

수컷의 이빨은 성 성숙 이후에 가장 빠른 속도로 자란다.

쥐돌고래
Harbour Porpoise

생태 정보
무게: 60~90kg.
암컷이 약간 더 크다.
길이: 1.5~1.8m.
성 성숙: 3~4년
임신 기간: 약 341일.
새끼는 태어났을 때 길이가
약 71cm 정도 된다.
새끼 수: 1마리.
약 8개월에 젖을 뗀다.
먹이: 다양한 물고기를
먹으며, 대구과의 작은
물고기, 청어, 정어리,
오징어 등이 포함된다.
수명: 10~20년을 살며,
일반적으로 다른 고래목
동물들에 비해 수명이 짧다.

쥐돌고래는 크기가 작고 천성적으로 겁이 많다. 연안 해역에 살면서 만에 자주 나타나고, 종종 강어귀까지 헤엄쳐 올라온다.

쥐돌고래는 해안 근처에서 사느라 고기잡이 그물에 걸려들기 일쑤다. 발틱 해와 흑해에서 쥐돌고래의 수가 줄어들고 있는 것도 바로 이런 원인 때문이다. 쥐돌고래는 자신의 몸무게의 10%에 해당하는 양을 매일 먹어야 하기 때문에 풍부한 먹잇감을 찾으려고 보통 10마리 가량이 모여 작은 무리를 이룬다. 수면 위로 올라올 때 코를 킁킁대는 듯한 특이한 소리를 낸다.

세계 어느 곳에?
태평양과 대서양 양쪽의 연안 해역 북부에서부터 그린란드 남부와 아프리카 서쪽까지 나타난다. 흑해에서도 발견된다.

얼마나 클까?

등지느러미
등지느러미는 삼각형 모양으로, 넓은 밑부분에 비해 높이는 낮다.

천연색
윗부분은 어둡고,
배 아랫부분은 하얗다.

지느러미
지느러미는 작고 둥글다.
짙은 색깔이며, 어두운 줄무늬가
눈을 향해 앞쪽으로 퍼져 있다.

머리
둥글고 부리가 분명하게
구분되어 있지는 않다.
턱에 있는 이빨은 매우 작다.

꼬리가 먼저

새끼 쥐돌고래는 태어날 때 꼬리가 먼저 나온다.
어미는 갓 태어난 새끼를 수면으로 올려주어
호흡할 수 있게 도와준다.

쥐돌고래는 범고래에게 잡아먹히기도 한다.

향유고래
Sperm Whale

생태 정보
무게: 12.7~36톤.
수컷은 1/3가량 더 무겁다.
길이: 11~16m.
최대 20.5m까지 되는
향유고래가 최근까지
존재했다.
성 성숙: 암컷은 8~11년,
수컷은 약 10년
임신 기간: 약 18개월
새끼 수: 1마리.
젖떼기는 2년쯤 걸린다.
먹이: 두족류를 먹으며,
특히 거대 오징어와
문어를 먹는다.
수명: 75년까지 살 수 있다.

향유고래는 이빨고래류 중 가장 크다. 먹이를 걸러 먹는 고래류와 뚜렷이 구별이 되며, 개성 있는 옆모습을 가지고 있다.

향유고래는 수면에서 3000m 아래까지, 엄청난 깊이까지 잠수해서 최대 2시간 동안 있을 수 있다. 장시간의 잠수 덕분에 바다 심연에 사는 거대 오징어를 사냥할 수 있을 것으로 추측된다. 그것은 이러한 두족류의 존재가 확인되기도 전에, 향유고래 몸 양편에 거대 오징어 빨판으로 생긴 상처가 먼저 발견된 기록이 있기 때문이다. 향유고래와 거대 오징어 사이에 격렬한 싸움이 있었다는 증거가 되었다.

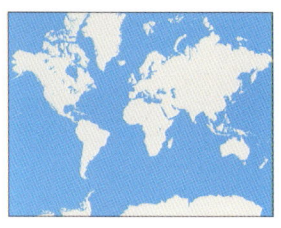

세계 어느 곳에?
전 세계의 바다에 걸쳐 나타나며, 극지방 빙원의 깊은 물속에서도 발견된다. 향유고래 무리는 여름에 극지로 이동한다.

얼마나 클까?

등
등지느러미는 없지만 일련의 물결모양 혹이 등의 중앙을 따라 이어진다.

턱
이빨은 아래턱에만 나 있다.

고래 꼬리
고래 꼬리는 넓고 삼각형 모양이다. 잠수하기 전에만 이 꼬리가 물 밖으로 나온다.

머리
머리는 사각형이고 끝이 뭉툭하다. 몸길이의 1/3까지 차지한다.

분수공
분수공은 향유고래의 왼쪽 머리 앞쪽에 있어, 다른 고래와 비교가 된다. 분수공에서 물은 앞쪽으로 나오는데, 다른 고래들이 멀리서도 알아볼 수 있도록 하기 위해서이다.

향유고래가 거대 오징어와 싸운다. 거대 오징어는 길이 16m까지 자란다.

바다코끼리
Walrus

생태 정보
몸무게: 555~889kg.
수컷은 더 무겁다.
길이: 243~350cm.
높이는 152cm까지 이른다.
성 성숙: 6~7년.
수컷은 15세 이전에는
거의 짝짓기를 하지 않는다.
임신 기간: 365일.
배아형성은 짝짓기 후
3~4개월이 지나서 시작된다.
새끼 수: 1마리.
26주에 젖을 뗀다.
먹이: 조개류, 물고기와
문어를 잡아먹는다. 가끔
바다표범을 죽이고,
고래 시체를 먹는다.
수명: 40년

바다표범과 중에서도 거대한 이 동물의 독특하고도 긴 상아는 실제로 송곳니로 변화하였고, 수컷과 암컷 모두에게 있다.

수컷 바다코끼리는 번식기에 짝짓기를 위해 육지에서 서로 격렬하게 싸운다. 상아를 이용해 서로에게 심한 부상을 줄 수 있으므로 상아가 큰 수컷이 우세한 것을 알 수 있다. 먹이를 찾기 위해 바닷속 75m까지 잠수하여 해저에 있는 먹이를 찾을 때는 수염에 의존한다. 바다코끼리들은 적이 거의 없으나 범고래나 북극곰은 그들에게 위협이 된다.

세계 어느 곳에?
알래스카에서 떨어진 태평양과 추크치 해에서 나타난다. 대서양에는 캐나다 북부에서부터 그린란드까지 퍼져있다. 그들 모두 겨울에는 남쪽으로 이동한다.

얼마나 클까?

지방
추위로부터 몸을 보호하기 위해
피부 아래 15cm까지
지방이 존재한다.

수염
15줄로 700개까지의
수염이 배열되어 있다.

상아
수컷은 90cm까지
측정된다.
(암컷은 수컷보다 짧다.)

지느러미
지느러미는 부드럽고
위 표면에는 털이 없다.

잡기
앞지느러미 발이 닻 역할을
하여 몸을 끌어 올린다.

이동성
바다코끼리는 바다를
스스로 빠져 나와
육지로 몸을 끌어내야 한다.
이들은 실제로 사람만큼
빠르게 움직일 수 있다.

끌어올리기
상아를 이용하여
몸을 육지로 끌어낸다.

군집생활
바다코끼리들은 보통
유빙 위에서 떼를 지어
휴식을 취한다.

북방물개
Northern Fur Seal

생태 정보
무게: 30~275kg.
수컷은 더 무겁다.
길이: 140~210cm
성 성숙: 암컷은 3~5년,
수컷은 5~6년이지만
10년이 되기 전에는
짝짓기를 거의 하지 않는다.
임신 기간: 248일.
배아 형성은 짝짓기 후
약 4개월이 지나서 시작된다.
새끼 수: 1마리.
26주 때 젖을 뗀다.
먹이: 어류를 먹는다.
다양한 물고기와 오징어를
사냥한다.
수명: 수컷은 17년,
암컷은 26년까지 산다.

**물개과에서 가장 크며, 한때 가죽 때문에 사냥이 성행했었다.
물개 수컷은 암컷보다 훨씬 크고 무겁다.**

북방물개는 바다에서 대부분의 시간을 보내며, 새끼를 낳기 위해서만 육지로 돌아온다. 이때 수컷 물개는 길게는 두 달 동안 먹지 못하는데, 암컷 물개와의 짝짓기를 위해 싸움을 하기 때문이다. 그러므로 몸무게가 상당히 줄어들긴 하지만 우세한 수컷은 40~50마리의 암컷들로 하렘(번식을 위해 한 마리의 수컷을 공유하는 암컷들)을 만든다. 북방물개의 두꺼운 잔털은 제곱센티미터 당 6만 개의 털로 이루어져 추위로부터 보호해 준다.

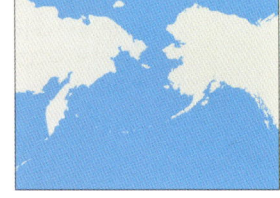

세계 어느 곳에?
북태평양에서 발견되며, 루커리(rookerie)라고 불리는 주된 번식 지역은 베링 해의 프리빌리프와 튤레니이 제도에 있다.

얼마나 클까?

얼굴
수컷과 암컷 모두
주둥이 부분이 짧고,
수컷의 코는 턱까지
연결되어 있다.

수염
수염은 매우 길다.
성인 물개의 수염은
흰색이지만,
어린 물개수염은
검정색이다.

수컷 물개의 체격
수컷의 목은 두껍고 힘이 세며,
길고 거친 갈기로 덮여 있다.

앞지느러미발
윗표면에는 털이 없으며
다리 관절을 지지하도록
이어져 있다.

싸움
수컷은 우선 경쟁자를 겁먹게 하려고 한다.
하지만 싸움이 시작되면 길고 날카로운 송곳니로 물 수 있다.

암컷은 수컷보다 수명이 훨씬 길다.

캘리포니아강치(캘리포니아바다사자)
Californian Sea Lion

생태 정보
몸무게: 91~340kg.
수컷은 더 무겁다.
길이: 180~250cm
성 성숙: 약 5년. 그러나
수컷은 이보다 나이 먹을
때까지 짝짓기를 거의
하지 않는다.
임신 기간: 341~356일.
새끼 수: 1마리.
26주에 젖을 뗀다.
먹이: 물고기를 먹으며,
주로 대구의 일종인 작은
물고기, 정어리와 멸치,
오징어도 먹는다.
수명: 야생에서 10~15년,
사육될 때 30년까지
살 수 있다.

기각류는 흔히 항구나 인간이 활동하는 곳과 가까운 지역에서 발견된다. 지금은 연안의 섬에서만 새끼를 낳는다.

수컷은 머리에 길고 하얀 갈기와 함께 두드러진 관모가 있어 바다사자라고 불린다. 이들은 크게 짖는 소리를 내는 동물이다. 흔히 연안에서 서식하지만, 여러 날을 바다 밖에서 지내기도 한다. 또한 물속 274m까지 잠수할 수 있다. 어린 새끼는 빨리 자라 2달 만에 어미와 함께 사냥을 한다. 바다사자는 포유류 중 유일하게 모유에 락토오즈가 들어있지 않다.

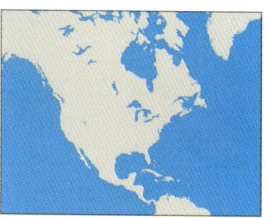

세계 어느 곳에?
캐나다 서남부 해안으로부터 캘리포니아 반도에까지 걸쳐 북미의 서부 아래쪽에 존재한다. 코르테즈 해에서도 발견된다.

얼마나 클까?

새끼
새끼 캘리포니아강치는 눈을 뜬 채로 태어난다.

천연색
암컷은 수컷보다 연한 갈색이다.

앞지느러미발
앞지느러미발은 비교적 길고, 육지에서 움직이는데 도움이 된다.

귓바퀴는 작고 두개골에 가까이 접혀 있다.

물속으로 잠수
캘리포니아강치는 귀와 콧구멍에 특수한 덮개가 있어 물속에서 귀와 코를 보호한다.

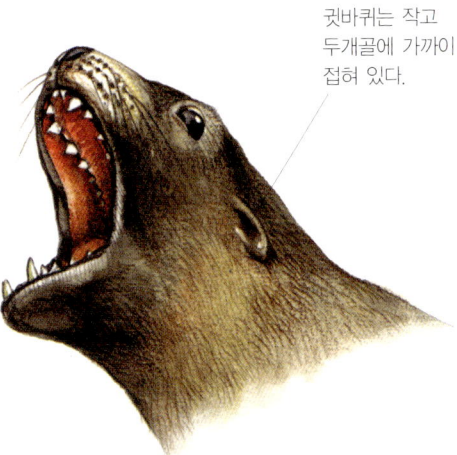

바다사자(오른쪽)는 귓바퀴가 있지만 물개(왼쪽)는 귓바퀴가 없다.

두건물범
Hooded Seal

생태 정보
무게: 350~450kg.
수컷은 더 무겁다.
길이: 200~300cm
성 성숙: 암컷은 3~6년,
수컷은 5~7년
임신 기간: 341~365일
새끼 수: 1마리, 4일 만에
젖을 뗀다. (포유류 중
가장 짧은 기간이다.)
먹이: 어류를 먹는다. 청어,
대구, 오징어, 불가사리,
조개류 등을 사냥하며
지역에 따라 달라진다.
수명: 30~35년

성인 수컷 머리에 있는 주머니 덕분에 두건물범이라는 이름을 얻었다. 이 주머니는 축구공의 두 배만큼 커질 수 있다.

어린 새끼의 성장은 매우 경이롭다. 4일도 채 되지 않아 젖을 떼며, 그동안 몸무게는 두 배로 는다. 이런 성장은 어미젖이 풍부하기 때문이며, 이 젖은 65%가 지방으로 되어 있다. 털은 처음에 비둘기색이지만 14개월 때 털갈이를 한다. 수컷은 이 시기에 새끼 키우는 곳으로 찾아와 새끼 젖을 뗀 암컷들과 짝짓기를 한다.

세계 어느 곳에?
북대서양에 분포해 있지만 노르웨이까지 정규적인 이동을 하며 멀리 떨어진 곳까지 여행하기도 해 알래스카, 과들루프 섬, 카나리아 제도에서 나타나기도 한다.

얼마나 클까?

후드
수컷 두건물범에게만 나타나며,
4세 때부터 자라기 시작한다.

눈
눈은 비교적 크고
위험을 인식하는데 도움을 준다.

천연색
털의 점박이 무늬는
매우 다양하다.

뒷지느러미발
물범이 육지에서 쉴 때 뒷지느러미발은
몸 옆에 기대어 둔다.

붉은 코
불룩해지는 것은 콧구멍 내의 막 때문이며,
이 막은 부풀어올라 후드와 같이
위협할 때 쓰인다.

두건물범은 1000m 깊이 물속으로 들어갈 수
있으며, 50분 넘게 잠수할 수 있다.

턱수염바다물범
Bearded Seal

생태 정보
몸무게: 200~360kg 암컷이 약간 더 무겁다.
길이: 210~240cm
성 성숙: 암컷은 3~8년, 수컷은 6~7년
임신 기간: 248~279일. 배아형성은 짝짓기 후 2~3개월 지나 시작된다.
새끼 수: 1마리. 18일 만에 젖을 뗀다.
먹이: 독중개, 대구를 포함한 물고기류, 게와 같은 갑각류와 조개를 포함한 연체동물을 잡아먹는다.
수명: 25~30년.

턱수염바다물범의 이름은 주둥이에 있는 나선형의 길고 옅은 수염이 턱수염처럼 보여서 붙여진 이름이다.

턱수염바다물범은 천성적으로 독립생활을 하며 부서진 빙하들 사이에서 쉽게 발견된다. 빙하가 녹는 여름에는 먼 북쪽으로 이동한다. 북극해의 온도가 올라감에 따라 턱수염바다물범의 미래가 걱정되고 있으나 이들은 육지 위에서도 산다. 비교적 얕은 물을 선호하며, 수심 약 130m로 내려가 바닥 또는 바닥 근처에서 먹이를 찾는다. 이들은 수염을 이용하여 조개류와 연체동물을 발견한다.

세계 어느 곳에?
북대서양, 라프테프 해와 바렌츠 해 서부, 북극해 기타 지역에서 나타난다. 베링 해협과 오호츠크 해에서도 발견된다.

얼마나 클까?
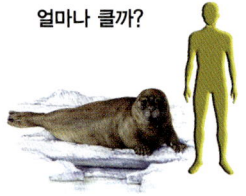

체형
유선형의 체형이 육지 위에서는 크고 무겁지만, 물속에서는 수영을 잘하도록 도와준다.

머리
직사각형 모양이며 몸의 크기에 비해 아주 작다.

가죽
두꺼운 층의 잔털과 보호 지방으로 얼음 위에서 단열효과가 생긴다.

천연색
색깔은 진하며 일반적으로 무늬가 없는 회색부터 갈색까지 무리에 따라 다양하다.

숨쉬기
포유류인 턱수염바다물범은 반드시 숨을 쉬어야 한다. 단단한 빙하에도 숨을 쉬는 구멍을 만들 수 있다.

물 위로 올라오기
턱수염바다물범은 부빙 위에서 휴식을 취한다. 암컷은 이곳에서 새끼도 낳는다.

발가락과 발톱이 상세하게 보이는 앞지느러미발

레오파드바다표범
Leopard Seal

생태 정보
무게: 200~590kg.
암컷은 약간 더 무겁다.
길이: 240~340cm
성 성숙: 암컷은 3~8년,
수컷은 6~7년
임신 기간: 248~279일.
배아 형성이 수정 후
2~3개월에만 시작된다.
새끼 수: 1마리.
18일 만에 젖을 뗀다.
먹이: 육식성으로 다른
바다표범들, 특히
게잡이바다표범과 펭귄,
오징어와 크릴새우를
포함한 무척추동물을
잡아먹는다.
수명: 12~15년

레오파드바다표범의 이름은 점박이무늬 가죽 때문만은 아니라 레오파드처럼 무시무시한 사냥꾼이기도 해서 붙여진 이름이다.

천성적으로 독립생활을 하는 레오파드바다표범은 남극지역의 얼음 덩어리를 돌아다니며, 겨울에는 북쪽으로 이동한다. 레오파드바다표범은 기회주의적이면서 무시무시한 사냥꾼으로, 다른 바다표범의 새끼도 잡아먹는다. 물속에서는 펭귄 몸이 부서질 때까지 맹렬하게 좌우로 때린다. 어금니는 체로 거르는 역할을 하게 되어 있어 작은 크릴새우를 먹기도 한다. 레오파드바다표범은 범고래 외에는 적이 거의 없다.

세계 어느 곳에?
남극지역의 얼음 덩어리에서 발견되며, 종종 오스트레일리아, 뉴질랜드, 남아프리카, 남아메리카까지 북쪽으로 이동하기도 한다.

얼마나 클까?

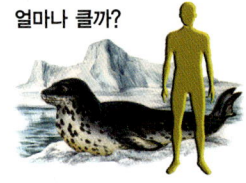

주둥이
크고 넓게 벌어져 있으며
날카로운 이빨이 나 있다.

몸
몸은 좁고, 독특한 점박이무늬가 있는데,
배 아래쪽에 무늬가 두드러진다.

지느러미발
비교적 지느러미발은
수영과 민첩함에
도움을 준다.

사냥 기술
얼음 덩어리 밑에 숨어
펭귄이 물속으로 잠수하기를 기다려서
펭귄을 습격한다.

부빙 위의 레오파드바다표범

167

남방코끼리바다표범
Southern Elephant Seal

생태 정보
몸무게: 500~3500kg.
수컷은 훨씬 크다.
길이: 200~690cm
성 성숙: 암컷은 2~4년,
수컷은 3~6년. 10년
이전에 새끼를 낳지 않는다.
임신 기간: 약 266일.
배아형성은 짝짓기 후
3개월이 지나서 시작된다.
새끼 수: 1마리.
23일 만에 젖을 뗀다.
먹이: 주로 오징어를
먹지만 심해 상어와 같은
어류도 먹는다.
수명: 23년까지 산다.

수컷 남방코끼리바다표범은 바다표범들 중에서 가장 크다. 또한 다른 종들보다 더 깊이, 1600m까지 잠수 할 수 있다.

남방코끼리바다표범은 효율적인 호흡 기관계 덕분에 수면 위로 떠오르지 않고 물속에서 2시간 동안 잠수할 수 있다. 깊은 바다 속에서 수면으로 올라올 때 압력이 줄어들면서 생기는 통증 또한 겪지 않는다.
수컷들이 먼저 번식 영역을 확보하면 암컷들이 바닷가로 돌아와 그곳에서 곧 새끼를 낳는다. 새끼는 일단 젖을 떼면 자립해야 하고, 암컷은 바다로 돌아가기 전에 다시 짝짓기를 한다.

세계 어느 곳에?
남반구의 극지 부분에 산다. 주된 번식지는 포클랜드, 사우스조지아 섬, 남미의 남부지역이다. 매쿼리 섬과 주변 섬들, 케르겔렌 제도와 허드 섬에서도 산다.

얼마나 클까?
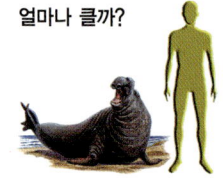

입
입은 아주 붉어서 간혹 피를 흘리는 듯한 인상을 준다.

머리 모양
수컷의 머리 구조는 거대한 코끼리 코와 닮아 코끼리바다표범이라는 이름을 얻게 되었다.

천연색
수컷과 암컷 모두 짙은 회색이며, 복부는 약간 연한 색이다.

보호
피부 밑에 두꺼운 지방층이 있으며 단열효과를 준다. 또한 지방층은 에너지로 사용되기도 한다.

엄마와 새끼
암컷과 새끼는 육지에서만 함께 있고, 첫 1년 동안 거의 절반 정도의 새끼들이 바다에서 살아남지 못한다.

성인 남빙코끼리바다표범에게는 범고래만이 위협적인 존재이다.

지중해몽크바다표범
Mediterranean Monk Seal

생태 정보
무게: 250~300kg
길이: 240~280cm
성 성숙: 암컷은 4~6년,
수컷은 5~6년
임신 기간: 341일.
물속에서 짝짓기를 한다.
새끼 수: 1마리.
17주 후에 젖을 뗀다.
먹이: 다양한 종류의
물고기를 먹는다. 정어리,
참치, 숭어와 바닷가재,
두족류 중 특히 오징어와
문어를 먹고 산다.
수명: 20~30년

지중해몽크바다표범은 멸종 위기에 처해 있으며, 600마리도 채 남지 않았다. 지중해 전역과 대서양 동부에서 나타났다.

지중해몽크바다표범은 서식지였던 지중해의 개발로 인해 멸종 위기에 처해 있다. 어부들의 남획과 학대(어획량의 감소가 지중해몽크바다표범 때문이라고 봄)가 지중해몽크바다표범 수를 빠르게 감소시켰고, 지중해의 오염도 여전히 위협으로 남아있다. 1997년, 전염병으로 생각되는 질병 또한 북아프리카 해안에 생존하고 있는 많은 수의 지중해몽크표범을 전멸시켰다.
현재는 소수의 보호구역만이 존재하고 있다.

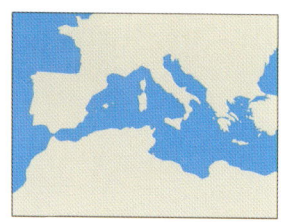

세계 어느 곳에?
생존하고 있는 대부분은 그리스 주변에 있지만, 아프리카 북서부 해안과 대서양 북동부에서도 발견된다.

얼마나 클까?

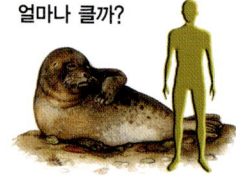

지느러미발
지느러미발은 상당히 짧으며, 짧은 발톱이 달려있다.

귀
귀에는 외부로 나온 귓바퀴가 없다.

털 길이
지중해몽크바다표범의 털은 다른 바다표범에 비해 짧다.

천연색
암컷은 갈색으로 배 아래쪽이 좀 더 밝고 얼룩이 있다. 수컷은 검정색으로 배는 흰색이다.

콧구멍
길고 위쪽으로 돌출되어 있다.

지중해몽크바다표범은 비교적 해안 가까이에 나타난다.

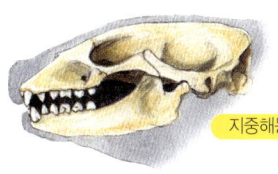

지중해몽크바다표범의 두개골

새끼를 낳는 동굴
암컷은 해안에서 접근이 쉽지 않은 지역에 새끼를 낳는다. 종종 비교적 안전한 동굴을 찾아낸다.

하프물범
Harp Seal

생태 정보
무게: 130~160kg
길이: 160~190cm
성 성숙: 암컷은 4~6년,
수컷은 5~6년
임신 기간: 약 225일.
배아 형성이 수정 후 약
4.5개월 후에 시작된다.
새끼 수: 1마리.
12주 후에 젖을 뗀다.
먹이: 다양한 종류의
물고기를 먹는다. 열빙어,
청어, 게와 오징어 같은
두족류도 먹는다.
수명: 30~35년

어른 하프물범 등에 있는 하프 모양 무늬 때문에 하프물범이라 불린다. 털을 얻기 위해 어린 하프물범을 사냥하는 것은 심각한 문제가 아닐 수 없다.

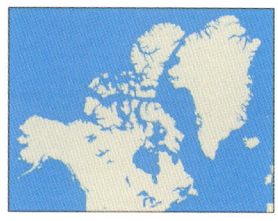

세계 어느 곳에?
북극과 북서부 대서양에서 나타나며,
뉴펀들랜드 밖의 세인트로렌스 만,
그린랜드 동쪽과 백해에서 새끼를 낳는다.

하프물범은 연중 대부분을 바다에서 보내다가 새끼를 낳을 때만 얼음 덩어리로 돌아온다. 이때는 1km² 당 최대 2천 마리까지 많은 수의 하프물범이 모이는데 이들이 무리지어 있어도 특히 북극곰의 공격에 취약하다.
어린 하프물범은 태어날 때는 연한 노란색을 띠지만, 3일이 지나면 털이 눈같이 흰색으로 바뀐다.
어린 하프물범은 매우 빠른 속도로 자라며, 태어났을 때 11kg이었던 몸무게가 젖을 떼기 전에 3배로 늘어난다.

얼마나 클까?

무늬
어른 하프물범의 머리색은 검고,
등에 하프 모양의 무늬가 있다.
털은 옅은 회색이다.

뒷지느러미발
하프물범은 수영할 때
뒷지느러미발을 좌우로 움직여
추진력을 얻는다.

천연색
암컷의 진한 털 색깔이
수컷보다 연하다.

앞지느러미발
지느러미발이라기보다는
발처럼 보인다.

이동하기

강치와 바다사자는(왼쪽) 앞지느러미발을
사용해 수영을 하지만, 다른 물범들은
뒷지느러미발을 사용한다.

암컷은 새끼를 매 4시간 또는
그 정도 시간마다 10분 정도씩 돌본다.
그 외의 시간에는 새끼들은 홀로 남겨신나.

잔점박이물범
Common Seal

생태 정보
무게: 45~170kg.
수컷은 더 무겁다.
길이: 120~190cm
성 성숙: 암컷은 4~6년,
수컷은 5~6년
임신 기간: 약 225일.
배아 형성이 수정 후 약
4.5개월이 지나야 시작된다.
새끼 수: 1마리.
28일 전후에 젖을 뗀다.
먹이: 주로 양미리와
청어를 포함한 물고기를
먹고, 갑각류와 오징어
같은 두족류도 먹는다.
수명: 20~30년. 보통
수컷의 수명이 더 짧다.

잔점박이물범은 항구물범이라고도 알려져 있는데, 주로 항구 주변에서 발견되기 때문이다. 종종 강어귀까지 올라오기도 한다.

어린 잔점박이물범은 태어나자마자 수영과 잠수를 할 수 있다. 그러므로 암컷은 썰물 때만 드러나는 모래톱에서 안전하게 새끼를 낳는다. 잔점박이물범은 기각류 중 가장 다양한 종류가 있지만, 심각한 질병으로 인해 지역적으로 그 수가 영향을 받고 있다. 1988년에는 북해에 사는 물범들에게 발생했던 신종 물범 바이러스의 전염으로 인해 17,000마리의 잔점박이물범이 죽었다. 뿐만 아니라 심각한 오염으로 인해 더욱 위험에 처해 있다.

세계 어느 곳에?
북반구 연안 지역에 걸쳐 나타나는데,
북태평양과 북대서양, 북해와 발트
해에서도 발견된다.

얼마나 클까?

천연색
황갈색조에서 갈색을 거쳐 회색까지 다양하며, 점과 고리 모양이 등에 두드러진다.

귓구멍
눈 뒤쪽의 머리 측면에 있는 구멍으로 비교적 크다.

뒷지느러미발
다른 물범과 동물처럼, 뒷지느러미발은 수영할 때 추진력을 준다.

앞지느러미발
물범과 동물들은 다른 바다표범들에 비해 육지 생활에 익숙하지 않다.

지느러미발
지느러미발은 납작하고 넓어 수영할 때 도움을 준다.

어미와 새끼
물에서 서 있는 자세를 취하는 것은 어미가 주변 시야를 확보하고 새끼를 돌보는 데 도움이 된다.

잔점박이물범 새끼

175

듀공
Dugong

생태 정보
무게: 230~500kg
길이: 2.4~3m
성 성숙: 8~18년
임신 기간: 약 13개월.
새끼는 태어났을 때
크림색이다.
새끼 수: 1마리. 새끼는
어미의 몸 아래서 거꾸로
뒤집혀 젖을 빤다.
젖떼기는 약 24개월 걸린다.
먹이: 수생 초목, 수중의
풀을 뜯어먹고 약간의
무척추동물을 먹기도 한다.
수명: 최대 70년

듀공이 파도 위로 머리를 드러내어 숨쉬는 모습은 인어 이야기와 닮아 있다.

이 해양 포유류는 얕은 물에서 자라는 해변식물을 먹고 사는데, 풀을 뜯어먹는 습성 때문에 바다소라고 불리기도 한다. 이들은 절대 뭍으로 나오지 않으며 무리나 작은 가족그룹으로 산다.

수컷 듀공은 짧은 상아 엄니를 가지고 있어 코끼리와 비슷하다. 이 상아엄니는 분규를 해결하는 데 사용되기도 한다. 어른 듀공은 상어, 범고래와 큰 악어류를 제외하고는 별로 위험에 직면하지 않는다.

세계 어느 곳에?
열대 바다의 연안 지역 전역에 발생한다.
동아프리카와 홍해에서 인도양과
태평양을 거쳐 오스트레일리아 남부까지
나타난다.

얼마나 클까?

눈과 귀
눈은 작으며,
외부 귓바퀴를
가지고 있지 않다.

천연색
회색이며 몸 대부분에
털이 드물게 덮여 있다.

지느러미발
길이는 최대 45cm이고
방향을 조종하는데 사용된다.

꼬리
갈라진 넓은 꼬리는 추진력을
제공하여 듀공이 헤엄칠 때
물속에서 아래위로 움직인다.

숨쉬기
듀공은 최대 6분 동안 잠수해 있을 수 있으며
호흡할 때 콧구멍만 수면 위로 내놓기도 한다.

수면 위로 올라오기
때때로 듀공이 '서' 있는 것이 관찰되는데
심지어 서로를 포옹하고 있는 것처럼 보인다.

듀공의 주둥이는 아래쪽으로 향해 있고,
돌출부는 해초를 뿌리째 뽑아 고랑을 파게 해 준다.

177

매너티
Manatee

생태 정보
무게: 400~550kg, 암컷이 보통 더 크다.
길이: 2.8~3.6m
성 성숙: 8~18년
임신 기간: 약 12개월
새끼 수: 1마리. 새끼는 어미의 몸 아래서 거꾸로 뒤집혀서 젖을 빤다. 젖떼기는 12~18개월에 일어난다.
먹이: 초식성. 다양한 종류의 초목을 뜯어 먹는다. 60가지 이상의 다양한 수생 식물을 먹고 사는 것이 기록되었다.
수명: 최대 60년

매너티는 종에 따라 오로지 담수에서만 발견되거나 또는 담수와 염수 사이를 이동하기도 한다.

카리브 해 지대의 많은 매너티들은 모터보트에 치여서 프로펠러에 의해 등에 상처가 나기도 한다. 시속 약 8km의 속도로 상당히 천천히 헤엄치지만 단거리에 집중될 때는 시속 30km까지 가속할 수 있다.
매너티는 소장과 대장 사이의 접합점에 맹장이라 불리는 장기를 가지고 있어 이들이 식물성을 섭취하고 소화시키는 것을 돕는다.

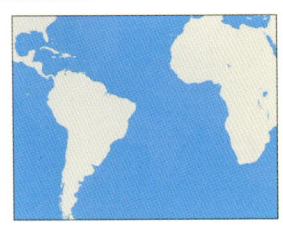

세계 어느 곳에?
서인도제도 매너티는 플로리다에서 카리브 해 전역에 분포한다. 담수 아마존 매너티는 아마존 지대에서 발생하며 서아프리카 품종도 있다.

얼마나 클까?

이빨
이빨은 마모되면
새 이빨로 대체된다.
매너티는 보통
어금니 타입의 이빨이
여섯 개밖에 없다.

지느러미발
앞다리에는 발톱이 있다.
뒷다리는 없다.

서식지
매너티는 얕은 물 표면에 자주
나타나며 거기서 풀을 뜯어먹는다.
(보통 2m 깊이 정도)

꼬리
둥글고 노처럼 생긴
꼬리로 쉽게 매너티를
구별할 수 있다.

원시적인 코
윗입술은 물건을 잡을 수 있고
두 부분으로 나뉘어져 있어서
매너티가 먹는데 도움이 된다.

섭식 습성
매너티는 수생 식물을
뿌리째 뽑아 지느러미발로
들고 먹는다.

179

흡혈박쥐
Common Vampire Bat

생태 정보
무게: 일반적으로는 57g이지만 먹이를 먹은 후 2배까지 늘어날 수 있다.
길이: 9cm, 날개 길이 18cm
성 성숙: 9~10개월
임신 기간: 약 217일.
어미는 갓 태어난 새끼를 꽉 움켜쥐고 날아다닌다.
새끼 수: 1~2마리.
1개월에 젖을 뗀다.
먹이: 보통 가축의 피를 먹으며, 인간을 포함한 다양한 생물체의 피도 먹을 수 있다.
수명: 최장 12년

흡혈박쥐가 흡혈하기 때문에 위험한 것이 아니라 치명적인 광견병 바이러스를 옮길 수 있기 때문에 위험한 동물이다.

흡혈박쥐는 독특한 포유류이다. 피만 주식으로 삼으며, 동굴에서 나타난다. 낮에는 동굴에서 집단으로 모여 잠을 자고, 밤에는 먹이를 찾는다. 소와 말이 흡혈박쥐의 일반적인 먹잇감이다. 날카로운 이빨로 가죽을 뚫어 피를 빨면서 항응고제를 주입한다.
흡혈박쥐는 먹잇감의 몸으로 바로 날아오기보다는 땅에서부터 먹잇감에게 기어올라 접근한다.

세계 어느 곳에?
멕시코에서 남쪽으로 남아메리카 대부분을 가로질러 칠레와 아르헨티나에 이르는 지역에 살고 있다. 최고 2400m 고지의 따뜻한 지역을 선호한다.

얼마나 클까?

날개
박쥐는 날 수 있는 유일한 포유류로, 피부막으로 날개가 이루어져 있다.

코
코에 열 감지기가 있어 피부 아래 피를 빨아낼 위치를 찾아낸다.

혀
피를 빨아 먹을 때 사용된다.

활동하기
흡혈박쥐는 엄지를 이용해서 효과적으로 걷는 것은 물론, 달리기와 깡충깡충 뛰기, 점프도 할 수 있다. 이때, 날개는 접는다.

앞다리에 있는 갈고리 모양의 발톱은 흡혈박쥐가 먹잇감에게 매달릴 수 있도록 해 준다.

인도왕박쥐
Indian Flying Fox

생태 정보
무게: 암컷 454~908g, 수컷 1361~1816g
길이: 30cm, 날개 길이는 최대 127cm
성 성숙: 1~2년
임신 기간: 약 155일
새끼 수: 1마리, 종종 2마리도 낳는다. 1개월에 젖을 뗀다.
먹이: 과일을 주로 먹는다. 망고와 구아바, 바나나를 먹는데, 씨와 과육은 뱉어낸다. 꽃가루와 꿀도 먹는다.
수명: 최장 15년, 사육될 때 31년까지 살 수 있다.

인도왕박쥐는 박쥐과에서 가장 큰 동물이다. 과일 농장을 습격하기도 하지만, 인간에게는 위협적이지는 않은 동물이다.

인도왕박쥐는 수천 마리가 모여 캠프라 불리는 거대한 집단을 이루고 산다. 이들은 나무 전체를 차지하며, 나뭇가지를 기어오르면서 나뭇잎을 벗겨낸다. 이렇게 차지한 나무는 몇 세대에 걸쳐 이용된다.
인도왕박쥐 새끼는 태어날 때 머리가 아닌 다리부터 나오고, 털로 뒤덮여 있다. 어미가 먹이를 찾으러 갈 때 새끼들은 어미에 의해 운반되는데, 약 48km 거리까지 이동하기도 한다.

세계 어느 곳에?
인도, 방글라데시, 파키스탄, 미얀마와 스리랑카에서뿐만 아니라 몰디브에서도 찾아볼 수 있다. 숲 지역과 습지대를 좋아하며, 주로 해안 가까이에 있다.

얼마나 클까?

날개
넓고 힘이 센 날개는 인도왕박쥐가 먹이를 찾을 때 보금자리에서부터 먼 거리를 날아갈 수 있게 한다.

털
두꺼운 털 덕분에 온기를 유지한다.

머리
머리 모양 때문에 '공중을 나는 여우(flying fox)' 라고 불리게 되었다.

눈
눈은 크고 야간 시력이 좋다. 인도왕박쥐는 시력에 의지하여 어둠 속을 날아다닌다.

매달리기
뒷발은 각각 다섯 개의 발가락이 있고, 날카로운 발톱이 달려 있어서 쉴 때 나뭇가지를 움켜잡을 수 있다.

인도왕박쥐의 날개는 비행뿐만 아니라 수영을 할 때도 사용된다.

작은편자박쥐
Lesser Horseshoe Bat

생태 정보
무게: 4~9.4g
길이: 3.5~4cm,
날개 길이는 최대 25cm
성 성숙: 1~2년. 보통
수컷이 더 일찍 성숙한다.
임신 기간: 약 49일
6, 7월에 새끼를 낳는다.
새끼의 수 : 1마리, 드물게
2마리, 42~49일쯤 되면
젖을 떼기 시작한다.
먹이: 식충성이며, 다양한
무척추동물을 사냥하는데,
거미, 풍뎅이, 각다귀,
나방을 포함한다.
수명: 최대 7년

이 박쥐들의 분포 범위마다 점점 더 개체수가 줄어들고 있는 이유는 이들이 잡아먹는 곤충들을 죽이려 살충제 사용하기 때문이다.

박쥐들은 정교한 방식의 반향위치 결정법에 의해 먹이를 찾는다. 종종 땅 가까이에서 사냥을 하는데, 초음파 소리를 내서 되돌아오는 소리에 의해 완전히 어두운 밤에도 먹이의 위치를 정확히 찾아낸다. 비엽(각종 박쥐의 콧구멍 주위의 피부에 있는 잎사귀 같은 주름) 외에 '셀라(sella)'와 '란셋(lancet)'이라고 불리는 두 개의 기관들이 초음파를 이용한 위치 결정방식을 돕는다. 가을부터 봄까지 먹이가 드물 때 동굴이나 그 비슷한 곳에서 동면한다.

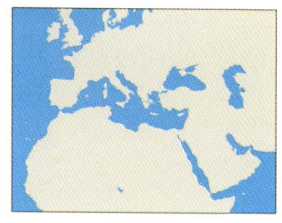

세계 어느 곳에?
유럽 대부분의 지역과 북아메리카에 분포하였지만, 어떤 지역들에서는 개체수가 크게 감소하였으며, 영국 북부 지역에서는 최근 멸종되었다.

얼마나 클까?

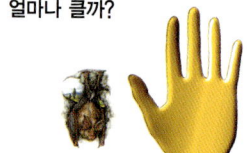

털
털은 갈색 계열이며 상당히 길다.

날개
한 개의 날카로운 발톱은 날개에 퇴화한 발가락이 있었음을 보여준다.

귀
귀는 매우 커서, 되돌아오는 소리를 탐지하여 먹이의 위치를 정확하게 찾아낸다.

코
콧구멍(비엽) 주위의 두툼한 부분은 박쥐의 초음파 소리를 증폭시키며 편자처럼 생겼다.

휴식
가장 큰 군집에는 무려 500마리의 박쥐들이 있을 수 있다. 잘 때, 날개로 몸을 감싸고 잔다.

초음파에 의해 되돌아오는 소리를 정확하게 해석하기 위해 예리한 청력은 매우 중요하다.

다우벤톤박쥐
Daubenton's Bat

생태 정보
무게: 7~12g
길이: 4.5~5.5cm,
날개 길이는 최대 27cm
성 성숙: 10개월에서 2년
수컷이 더 일찍 성숙한다.
임신 기간: 약 49일
6, 7월에 새끼를 낳는다.
새끼의 수 : 1마리, 드물게
2마리, 42일쯤 되면
젖을 뗀다.
먹이: 식충성이며, 다양한
무척추동물을 사냥하는데,
모기, 각다귀, 나방,
작은 물고기 등을 먹는다.
수명: 최대 22년

이 박쥐들은 물가 주변에 살면서 큰 발로 수면의 무척추동물을 꽉 쥐는 형태의 독특한 사냥법을 발전시켜 왔다.

이 박쥐들은 매우 민첩하며, 작은 호버크래프트처럼 연못의 수면이나 좀 더 큰 고요한 수면 위를 윙윙거리며 난다. 이들의 비행속도는 아주 빠르며 종종 다리를 이용해 돌다리 아래 앉아 휴식을 취하기도 한다. 저녁이 되면 모습을 드러내어 주로 물에서 떨어진 삼림지역에서 먹이를 찾는다.
암컷이 가을에 짝짓기 할 준비가 되면 검은 턱 반점이 생기게 된다.

세계 어느 곳에?
스칸디나비아 북부 지방을 제외한 유럽의 많은 지역에서 서식하는데, 몇몇 지역에서는 개체 수가 증가하고 있다. 일본과 한국까지도 확장된다.

얼마나 클까?

울음소리
박쥐 탐지기는 박쥐의 울음소리가 기관총 소리와 유사하다는 것을 알려준다.

털
윗부분은 짙은 갈색이며 아랫부분은 회색이다.

발
발은 크고, 날카롭고 굽은 발톱이 있어 휴식을 취할 때뿐만 아니라 먹잇감을 잡을 때도 유용하다.

얼굴
얼굴은 털이 없고 분홍빛이 도는 피부로 이루어져 있다.

부드러운 비행
조용한 물가는 이 박쥐에게 적합한데, 파도에 맞닥뜨리지 않고 수면 위로 단거리를 날 수 있기 때문이다.

휴식
이 박쥐들은 원래는 지하 구멍에서 휴식을 취했지만, 인간들의 구조물에서 휴식을 취하는 방식으로 적응해 왔다. 겨울에는 동굴에서 동면한다.

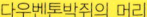
다우벤톤박쥐의 머리

187

멧박쥐
Noctule Bat

생태 정보
무게: 19~40g
길이: 6~8cm,
날개 길이는 최대 45cm
성 성숙: 10개월에서 2년
수컷이 더 일찍 성숙한다.
임신 기간: 약 49일
짝짓기는 가을에
이루어지지만 알의 발달은
봄이 되어서야 시작된다.
새끼의 수: 1~2마리,
42~49일쯤이면 젖을 뗀다.
먹이: 식충성이며, 나방,
풀잠자리, 풍뎅이 등을
먹는다.
수명: 최대 12년

이 삼림 박쥐들은 유럽지역에서 가장 큰 종 중의 하나이다.
초저녁 해지기 전에 날아다니는 것을 종종 볼 수 있다.

유럽 본토의 박쥐들은 이주하는 습성을 가지고 있으나, 영국에서는 정주하는 습성을 가지고 있다. 이들은 북해 유정굴착장비들에서도 서식하며, 도시의 가로등에 모여드는 나방을 사냥하는 모습도 보인다. 하지만 어떤 지역에서는 집약농업에 의해 이들의 수가 급속히 줄어들어 결국 박쥐들은 사냥에 적합한 서식지가 줄어들게 되었다. 여름에는 보통 나무에서 휴식을 취하지만 겨울에는 건물에서 지낸다.

세계 어느 곳에?
유럽 대부분의 지역에 서식하지만, 아일랜드 지역과 북부지역에는 서식하지 않으며, 이베리아 반도와 프랑스 인접지역에서는 매우 희귀하다.

얼마나 클까?

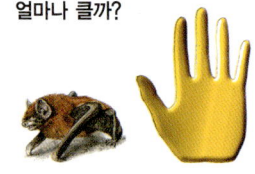

날개
날개는 뾰족하고 협소하다
이 박쥐들은 직선으로
빠르게 나는데, 시속
최고 50km의 속도를 낸다.

피부색
코, 귀와
날개의 얇은 막은
짙은 갈색이다.

천연색
대체적으로 황금갈색이지만,
몸의 밑부분은 더 옅다.

귀
귀는 머리에
낮게 위치한다.

추적
멧박쥐는 초음파를 이용하여 사냥하며, 박쥐 탐지기를 이용하면 사람의 귀로도 들을 수 있다. 되돌아오는 소리의 파장의 차이를 이용하여 사냥감의 위치를 찾아내거나 비행 중 장애물을 피할 수 있다.

동면하는 동안 이 박쥐들은 거의 4개월 동안 먹지 않기도 한다.

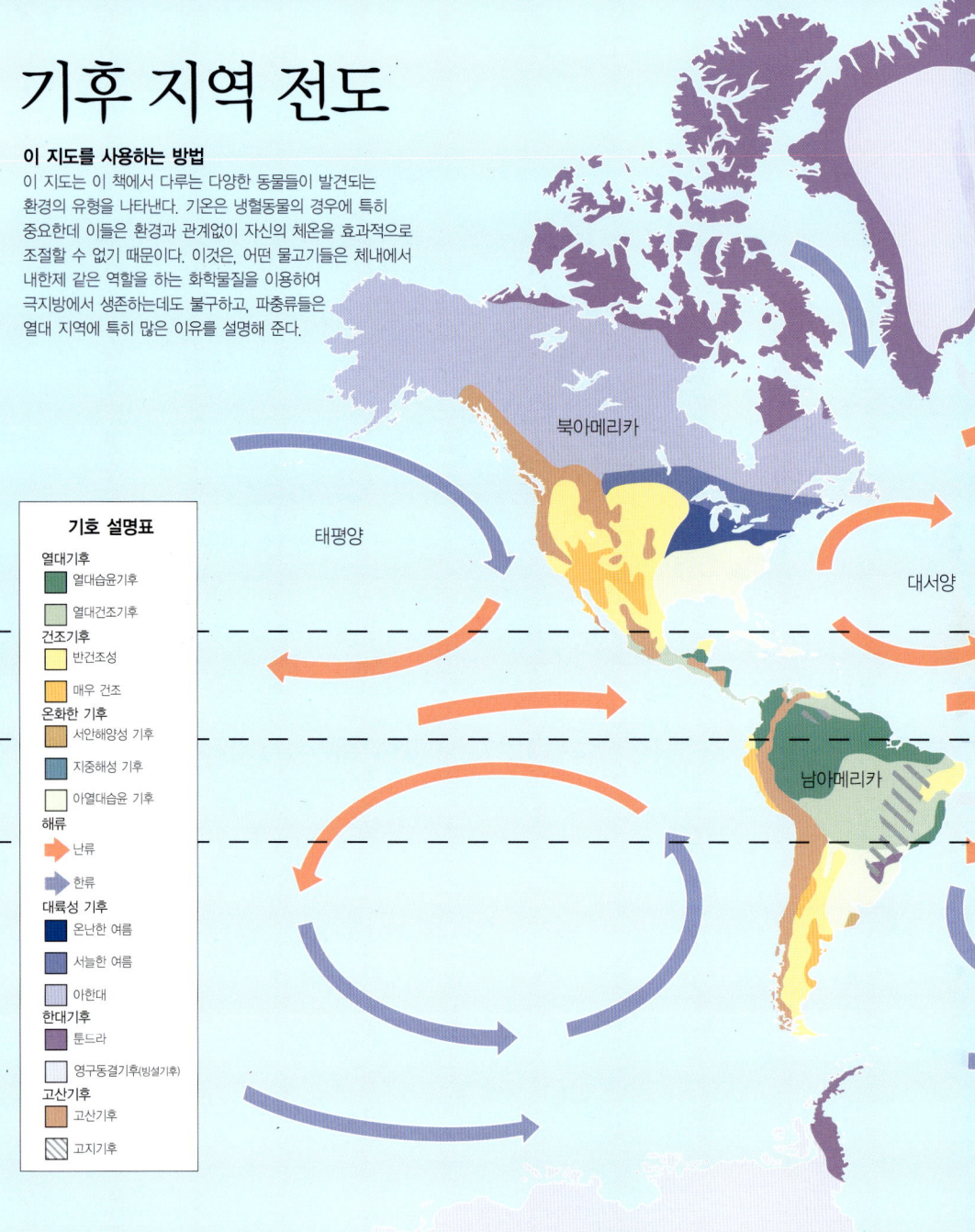

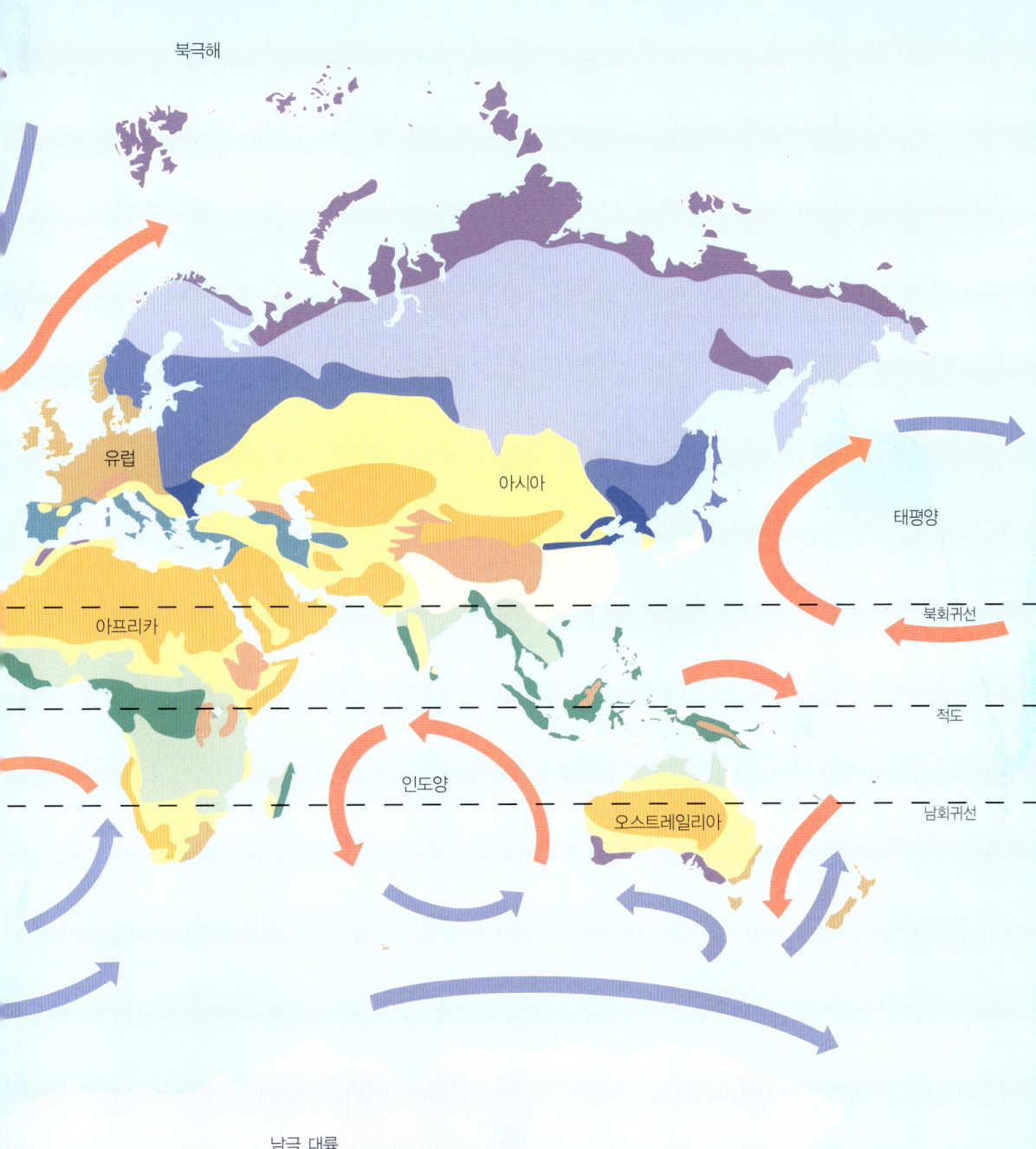

찾아보기

가나다 순

가마우지 Cormorant 118
가시복 Spiny Porcupinefish 68
갑오징어 Common Cuttlefish 70
검독수리 Golden Eagle 94
고래상어 Whale Shark 42
굴 Oyster 38
귀신고래 Grey Whale 144
극락조 Raggi's Bird of Paradise 110
긴지느러미연안오징어 Longfin Inshore Squid 72
나이팅게일 Nightingale 116 116
남방코끼리바다표범 Southern Elephant Seal 168
다우벤톤박쥐 Daubenton's Bat 186
대서양연어 Atlantic Salmon 62
대왕고래 Blue Whale 132
대왕조개 Giant Clam 78
데블라이온피시 Devil Lionfish 64
두건물범 Hooded Seal 162
듀공 Dugong 176
레오파드바다표범 Leopard Seal 166
말뚝망둥어 Mudskipper 46
매 Peregrine Falcon 100
매너티 Manatee 178
머리코돌고래 Commerson's Dolphin 136
멧박쥐 Noctule Bat 188
목도리도요 Ruff 128
무지개송어 Rainbow Trout 60
물총새 Kingfisher 90
바다코끼리 Walrus 156
바닷가재 Lobster 24
백상아리 Great White Shark 36
뱀잡이수리 Secretary Bird 104

뱀장어 Common Eel 14
범고래 Killer Whale 142
북도키위 North Island Kiwi 126
북방긴수염고래 Northern Right Whale 130
북방물개 Northern Fur Seal 158
블루페이스엔젤 Yellow-Masked Angelfish 50
빨간속 불가사리 Red-knobbed Starfish 84
샴투어 Siamese Fighting Fish 48
성게 Sea Urchin 30
소라게 Hermit Crab 28
소라고둥 Triton 76
솔개 Black Kite 96
쇠고둥(물레고둥) Common Whelk 74
아마존강돌고래 Amazon River Dolphin 146
악마가오리 Devil Ray 58
안데스콘도르 Andean Condor 98
여왕파랑비늘돔 Queen Parrotfish 54
올빼미 Tawny Owl 124
왜문어 Common Octopus 40
웰스메기 Wels Catfish 66
유럽동고비 European Nuthatch 112
유럽울새 European Robin 114
인도왕박쥐 Indian Flying Fox 182
일각돌고래 Narwhal 150
잉어 Common Carp 20
작은편자박쥐 Lesser Horseshoe Bat 184
잔점박이물범 Common Seal 174
재갈매기 Herring Gull 88
주얼시클리드 Jewel Fish 44
쥐돌고래 Harbour Porpoise 152
지중해곰치 Mediterranean Moray Eel 16

지중해몽크바다표범 Mediterranean Monk Seal 170
참거두고래 Long-Finned Pilot Whale 140
참돌고래 Common Dolphin 138
창꼬치(노던파이크) Northern Pike 32
청둥오리 Mallard 86
청소새우 Cleaner Shrimp 22
캘리포니아강치(캘리포니아바다사자)
Californian Sea Lion 160
큰가시고기 Three-Spined Stickleback 34
큰귀상어 Great Hammerhead Shark 18
큰홍학 Greater Flamingo 120
클라운피시 Common Clownfish 52
턱수염바다물범 Bearded Seal 164
포르투갈맨오워(고깔해파리,작은부레관해파리)
Portuguese Man o' War 80
푸른머리되새 Chaffinch 108
피들러크랩 Fiddler Crab 26
하프물범 Harp Seal 172
해마류 Seahorses 82
향유고래 Sperm Whale 154
호아친 Hoatzin 92
혹등고래 Humpback Whale 134
황다랑어 Yellow-Fin Tuna 56
황제펭귄 Emperor Penguin 122
황조롱이 Common Kestrel 102
흡혈박쥐 Common Vampire Bat 180
흰눈썹뜸부기물새 Sun Bittern 106
흰돌고래 Beluga 148

ABC 순

Amazon River Dolphin 아마존강돌고래 146
Andean Condor 안데스콘도르 98
Atlantic Salmon 대서양연어 62
Bearded Seal 턱수염바다물범 164
Beluga 흰돌고래 148
Black Kite 솔개 96
Blue Whale 대왕고래 132
Californian Sea Lion
캘리포니아강치(캘리포니아바다사자) 160
Chaffinch 푸른머리되새 108
Cleaner Shrimp 청소새우 22
Commerson's Dolphin 머리코돌고래 136
Common Carp 잉어 20
Common Clownfish 클라운피시 52
Common Cuttlefish 갑오징어 70
Common Dolphin 참돌고래 138
Common Eel 뱀장어 14
Common Kestrel 황조롱이 102
Common Octopus 왜문어 40
Common Seal 잔점박이물범 174
Common Vampire Bat 흡혈박쥐 180
CommonWhelk 쇠고둥(웰크고둥) 74
Cormorant 가마우지 118
Daubenton's Bat 다우벤톤박쥐 186
Devil Lionfish 데블라이온피시 64
Devil Ray 악마가오리 58
Dugong 듀공 176
Emperor Penguin 황제펭귄 122
European Nuthatch 유럽동고비 112
European Robin 유럽울새 114
Fiddler Crab 피들러크랩 26

Giant Clam 대왕조개 78
Golden Eagle 검독수리 94
Great Hammerhead Shark 큰귀상어 18
Great White Shark 백상아리 36
Greater Flamingo 큰홍학 120
Grey Whale 귀신고래 144
Harbour Porpoise 쥐돌고래 152
Harp Seal 하프물범 172
Hermit Crab 소라게 28
Herring Gull 재갈매기 88
Hoatzin 호아친 92
Hooded Seal 두건물범 162
Humpback Whale 혹등고래 134
Indian Flying Fox 인도왕박쥐 182
Jewel Fish 주얼시클리드 44
Killer Whale 범고래 142
Kingfisher 물총새 90
Leopard Seal 레오파드바다표범 166
Lesser Horseshoe Bat 작은편자박쥐 184
Lobster 바닷가재 24
Longfin Inshore Squid 긴지느러미연안오징어 72
Long-Finned Pilot Whale 참거두고래 140
Mallard 청둥오리 86
Manatee 매너티 178
Mediterranean Monk Seal 지중해몽크바다표범 170
Mediterranean Moray Eel 지중해곰치 16
Mudskipper 말뚝망둥어 46
Narwhal 일각돌고래 150
Nightingale 나이팅게일 116
Noctule Bat 멧박쥐 188
North Island Kiwi 북도키위 126

Northern Fur Seal 북방물개 158
Northern Pike 창꼬치(노던파이크) 32
Northern Right Whale 북방긴수염고래 130
Oyster 굴 38
Peregrine Falcon 매 100
Portuguese Man o' War
포르투갈맨오워(고깔해파리,작은부레관해파리) 80
Queen Parrotfish 여왕파랑비늘돔 54
Raggi's Bird of Paradise 극락조 110
Rainbow Trout 무지개송어 60
Red-knobbed Starfish 빨간속불가사리 84
Ruff 목도리도요 128
Sea Urchin 성게 30
Seahorses 해마류 82
Secretary Bird 뱀잡이수리 104
Siamese Fighting Fish 샴투어 48
Southern Elephant Seal 남방코끼리바다표범 168
Sperm Whale 향유고래 154
Spiny Porcupinefish 가시복 68
Sun Bittern 흰눈썹뜸부기물새 106
Tawny Owl 올빼미 124
Three-Spined Stickleback 큰가시고기 34
Triton 소라고둥 76
Walrus 바다코끼리 156
Wels Catfish 웰스메기 66
Whale Shark 고래상어 42
Yellow-Fin Tuna 황다랑어 56
Yellow-Masked Angelfish 블루페이스엔젤 50

Content Review

Encyclopedia of Animals
Invertebrates · Amphibians · Reptiles

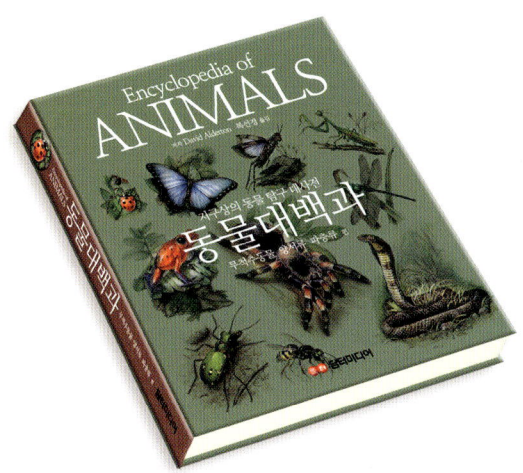

지구상의 동물 탐구 대사전
동물대백과
제1권

무척추동물 · 양서류 · 파충류 편

그리즈월드 주머니개구리 Griswold's Marsupial Frog	14
할리퀸두꺼비 Pebas Stubfoot Toad	16
유럽두꺼비 European Toad	18
내터잭두꺼비 Natterjack Toad	20
딸기 독화살개구리 Small Strawberry Dart Frog	22
산파개구리 Common Midwife Toad	24
유럽청개구리 European Treefrog	26
쟁기발두꺼비 Common Spadefoot Toad	28
무어개구리 Moor Frog	30
아메리카 황소개구리 American Bullfrog	32
물거미 Water Spider	34
유럽정원거미 European Garden Spider	36
굽은가시거미 Curved Spiny Spider	38
문짝거미 Trapdoor Spider	40
멕시코 붉은다리거미 Mexican Red-kneed Tarantula	42
검은과부거미(검은독거미) Southern Black Widow	44
게거미 Crab Spider	46
머드퍼피 Common Mudpuppy	48
알파인 살라맨더 Alpine Salamander	50
파이어 살라맨더 Fire Salamander	52
알파인뉴트 Alpine Newt	54
폭탄먼지벌레 Bombardier Beetle	56
그린타이거비틀 Green Tiger Beetle	58
사향하늘소 Musk Beetle	60

칠성무당벌레 Seven-Spot Ladybird	62
큰물방개 Great Diving Beetle	64
사슴벌레 Stag Beetle	66
떡갈잎풍뎅이 Common Cockchafer	68
유럽장수풍뎅이 European Rhinoceros Beetle	70
쇠똥구리 Dung Beetle	72
로즈채퍼(장미꽃풍뎅이) Rose Chafer	74
송장벌레 Gravedigger Beetle	76
미국악어 American Alligator	78
나일악어 Nile Crocodile	80
인도가비알 Gharial	82
집게벌레 Common Earwig	84
집파리 Common House Fly	86
유럽지렁이 Common European Earthworm	88
방패벌레 Shield-Backed Bug	90
꿀벌 Honeybee	92
서양땅뒤영벌 Buff-Tailed Bumblebee	94
행군개미(군대개미) Foraging Ant	96
붉은 산림개미 Red Wood Ant	98
말벌 European Hornet	100
땅벌 Common Wasp	102
터마이트 Termite	104
유럽 푸른부전나비 Common Blue Butterfly	106
번개 오색나비 Purple Emperor	108

왕나비 Monarch Butterfly	110
모포나비 Morpho Butterfly	112
붉은제독나비 Red Admiral Butterfly	114
퀸 알렉산드라 버드윙 Queen Alexandra's Birdwing	116
산호랑나비 Western Tiger Swallowtail Butterfly	118
아폴로 모시나비 Apollo Butterfly	120
해골박각시 Death's Head Hawkmoth	122
황제나방 Emperor Moth	124
사마귀 Praying Mantis	126
개미귀신 Common Antlion	128
황제잠자리 Emperor Dragonfly	130
넓은몸사냥꾼잠자리 Broad-Bodied Chaser	132
필드귀뚜라미 Field Cricket	134
푸른날개메뚜기 Blue-winged Grasshopper	136
중베짱이 Great Green Bush Cricket	138
가랑잎벌레 Leaf Insect	140
식용달팽이 Edible Snail	142
민달팽이 Slug	144
지중해전갈(랑그독전갈) Mediterranean Scorpion	146
목도리도마뱀 Frilled Lizard	148
도깨비도마뱀 Thorny Devil	150
뱀도마뱀(굼벵이무족도마뱀) SlowWorm	152
보아뱀 Boa Constrictor	154
그린아나콘다 Green Anaconda	156

유럽카멜레온 European Chameleon	158
바실리스크이구아나 Plumed Basilisk	160
풀뱀 Grass Snake	162
블랙맘바 Black Mamba	164
동부 산호뱀 Eastern Coral Snake	166
킹코브라 King Cobra	168
토케이 게코 Tokay Gecko	170
아메리카 독도마뱀 Gila Monster	172
바다이구아나 Marine Iguana	174
녹색이구아나 Green Iguana	176
발칸 녹색도마뱀 Balkan Green Lizard	178
벽도마뱀 Common Wall Lizard	180
인도왕뱀 Indian Python	182
싱글백도마뱀 Shingleback Skink	184
코모도왕도마뱀 Komodo Dragon	186
텍사스 방울뱀 Texan Rattlesnake	188
유럽북살모사 European Adder	190
바다거북 Green Turtle	192
늑대거북 Common Snapping Turtle	194
장수거북 Leatherback Turtle	196
붉은귀거북 Red-Eared Terrapin	198
갈라파고스 땅거북 Galapagos Tortoise	200
고퍼거북 Gopher Tortoise	202

David Alderton은 케임브리지 대학을 졸업한 이후 줄곧 이 분야에 매달려 야생동물에 대해
평생 동안 관심을 가진 전문가이다. 전 세계의 천연 서식지에 있는 다양한 생물들을 연구하면서
광범위하게 두루 여행했다. 동물에 대한 전문 작가로서 그의 책은 6백만 부 이상이 팔렸고
30개 이상의 언어로 출간되었다. 또한 BBC나 디스커버리 채널 그리고 다른 방송사들의
야생동물 주제의 라디오나 텔레비전 프로그램에 참석자와 작가로서 꾸준히 활동하고 있다.
(David는 2008년부터 애완동물과 기타 동물들에 대해서 인기 있는 웹사이트(http://www.pethouseclub.com)를 운영하고 있다.)

옮긴이 **복 선 경**

우리에게 친숙한 동물이거나 이 책을 통해 처음 만나는 동물들까지,
온갖 포유류, 조류, 파충류, 어류, 곤충, 연체동물 등등 그 동물들을 만나며
때로는 아프리카 대초원으로, 때로는 뜨거운 사막으로 그리고 늪이나 북극 지역까지
동물 탐험 여행을 직접 다녀온 기분이 들 정도로 생생하게 다가왔던 작업이었다.
동물들의 본능과 습성 등에 때론 놀라고 감탄하기도 하며,
인간의 욕심과 지구의 오염으로 멸종해 가는 동물들에게 미안함을 느끼며
지구를 지키는 일에 일조해야겠다는 생각도 하게 되었다.
어린이든 어른이든 이 책을 통해 동물들에 대한 이해를 넓히고,
나아가 이 지구의 미래까지 고민할 수 있는 좋은 계기가 될 것이라 생각한다.

1975년 수원 출생. 1988년 아주대학교 영어영문과 졸업.
1999~2009년 재능교육에서 국내외 영어 교재 개발.
2010년 캐나다 영어 연수.
2011년 현재 영어 교재 개발 중.